Conteúdo digital exclusivo!

Cadastre-se e transforme seus estudos em uma experiência única de aprendizado!

Acesse agora

Portal:
www.editoradobrasil.com.br/crescer

Código de aluno:
1218892A6608345

Lembre-se: intransferível única forma

Priscila Ramos de Azevedo

CRESCER

Língua Portuguesa

2º ano

Dados Internacionais de Catalogação na Publicação (CIP)
(Câmara Brasileira do Livro, SP, Brasil)

Azevedo, Priscila Ramos de
　　Crescer língua portuguesa, 2º ano / Priscila Ramos de Azevedo. – 1. ed. – São Paulo: Editora do Brasil, 2018. – (Coleção crescer)

　　Bibliografia.
　　ISBN 978-85-10-06849-9 (aluno)
　　ISBN 978-85-10-06850-5 (professor)

　　1. Português (Ensino fundamental) I. Título. II. Série.

18-15564　　　　　　　　　　　　　　CDD-372.6

Índices para catálogo sistemático:
1. Português: Ensino fundamental 372.6
Maria Alice Ferreira – Bibliotecária – CRB-8/7964

1ª edição / 1ª impressão, 2018
Impresso no Parque Gráfico da Editora FTD

Rua Conselheiro Nébias, 887
São Paulo, SP – CEP 01203-001
Fone: +55 11 3226-0211
www.editoradobrasil.com.br

© Editora do Brasil S.A., 2018
Todos os direitos reservados

Direção-geral: Vicente Tortamano Avanso

Direção editorial: Felipe Ramos Poletti
Gerência editorial: Erika Caldin
Coordenação de arte: Cida Alves
Supervisão de revisão: Dora Helena Feres
Supervisão de iconografia: Léo Burgos
Supervisão de digital: Ethel Shuña Queiroz
Supervisão de controle de processos editoriais: Marta Dias Portero
Supervisão de direitos autorais: Marilisa Bertolone Mendes

Supervisão editorial: Selma Corrêa
Coordenação pedagógica: Maria Cecília Mendes de Almeida
Consultoria técnico-pedagógica: Maria Otília Ninin
Edição: Camila Gutierrez, Daisy Silva Rosa Asmuz e Maria Helena Ramos Lopes
Assistência editorial: Eloise Melero e Lígia Gurgel do Nascimento
Coordenação de revisão: Otacilio Palareti
Revisão: Alexandra Resende, Andréia Andrade e Elaine Cristina da Silva
Pesquisa iconográfica: Priscila Ferraz e Vanessa Volk
Assistência de arte: Samira Souza
Design gráfico: Andrea Melo
Capa: Megalo Design e Patrícia Lino
Imagem de capa: Fernando Vilela
Ilustrações: Clara Gavilan, Claudia Mariano, Dawidson França, Francis Ortolan, Lie Nobusa, Lucas Busatto, Luiz Lentini, Marcos Machado, Rodrigo Arraya, Sandra Lavandeira e Susan Morisse
Coordenação de editoração eletrônica: Abdonildo José de Lima Santos
Editoração eletrônica: Nany Produções Gráficas
Licenciamentos de textos: Cinthya Utiyama, Jennifer Xavier, Paula Harue e Renata Garbellini
Controle de processos editoriais: Bruna Alves, Carlos Nunes, Jefferson Galdino, Rafael Machado e Stephanie Paparella

QUERIDO ALUNO,

VOCÊ ESTÁ COMEÇANDO MAIS UMA ETAPA, UM NOVO ANO QUE PROMETE MUITAS DESCOBERTAS, MUITO APRENDIZADO.

FOI PENSANDO EM VOCÊ QUE SELECIONAMOS OS TEXTOS, CRIAMOS AS ATIVIDADES, ELABORAMOS NOVAS PROPOSTAS E DESAFIOS PARA IR ALÉM. ESSE É O MOVIMENTO DO APRENDIZADO. É PRECISO CRESCER, COMO ALUNO E COMO PESSOA.

VOCÊ VAI LER, ESCREVER, DAR E OUVIR OPINIÕES E, COM CERTEZA, DESCOBRIR QUE PODE APRENDER MUITO MAIS DO QUE IMAGINAVA.

ESPERAMOS QUE SEU APRENDIZADO COM OS COLEGAS E COM O PROFESSOR SEJA RICO E PRAZEROSO.

A AUTORA

SUMÁRIO

UNIDADE 1
PARLENDAS PARA BRINCAR 7
- **LEITURA 1** – *CADÊ O TOICINHO QUE ESTAVA AQUI?* 10
- **ESTUDO DO TEXTO** 12
- **PAUSA PARA BRINCAR** – PARLENDAS 15
- **ESTUDO DA LÍNGUA** – ALFABETO 16
  ORDEM ALFABÉTICA 19
- **LEITURA 2** – PARLENDAS 21
- **ESTUDO DO TEXTO** 24
- **JOGO DE PALAVRAS** 27
- **ESTUDO DA ESCRITA** – PALAVRAS COM **B** E **P** 28
- **ORALIDADE** – RECITAÇÃO COLETIVA DE PARLENDA 30
- **PRODUÇÃO DE TEXTO** – VARAL DE PARLENDAS 32
- **OUTRA LEITURA** – *O MEU AMIGO*, PEDRO BANDEIRA 34
- **RETOMADA** 36
- **PERISCÓPIO** 38

UNIDADE 2
CONTO COM VOCÊ! 39
- **LEITURA 1** – CONVITES PARA FESTA DO PIJAMA 41
- **ESTUDO DO TEXTO** 43
- **PAUSA PARA BRINCAR** – JOGO DA MEMÓRIA 46
- **ESTUDO DA LÍNGUA** – PALAVRAS 47
- **LEITURA 2** – CONVITE PARA LANÇAMENTO DO LIVRO *PIKUIN, O PEQUENO KURUMIN* 48
- **ESTUDO DO TEXTO** 49
- **ORALIDADE** – CONVERSA TELEFÔNICA 51
- **ESTUDO DA ESCRITA** – PALAVRAS COM **D** E **T** 52
- **JOGO DE PALAVRAS** 55
- **PRODUÇÃO DE TEXTO** – CONVITE 56
- **OUTRA LEITURA** – *VIVIANA RAINHA DO PIJAMA*, STEVE WEBB 58
- **RETOMADA** 62
- **CONSTRUIR UM MUNDO MELHOR** – ESQUEÇA UM LIVRO 64
- **PERISCÓPIO** 66

UNIDADE 3
HISTÓRIAS COM DESENHOS E BALÕES 67
- **LEITURA 1** – *O SHOW DO JUNIM*, ZIRALDO 70
- **ESTUDO DO TEXTO** 73
- **GIRAMUNDO** – LANCHEIRA SAUDÁVEL 78
- **ESTUDO DA LÍNGUA** – SÍLABA .. 80
- **ORALIDADE** – APRESENTAÇÃO EM PÚBLICO 83
- **LEITURA 2** – *BIDU: FÁBULAS*, MAURICIO DE SOUSA 85
- **ESTUDO DO TEXTO** 90
- **ESTUDO DA ESCRITA** – PALAVRAS COM **F** E **V** 93

JOGO DE PALAVRAS 95

PRODUÇÃO DE TEXTO –
HISTÓRIA EM QUADRINHOS..... 96

OUTRA LEITURA – *A LEBRE E A
TARTARUGA*, ESOPO................. 98

RETOMADA........................... 100

PERISCÓPIO...........................102

UNIDADE 4
MÃO NA MASSA 103

LEITURA 1 – *BIFES DE MANDIOCA*,
ROSANE PAMPLONA................105

ESTUDO DO TEXTO 106

ESTUDO DA LÍNGUA

LETRA DE IMPRENSA E LETRA
CURSIVA 109

USO DE LETRA INICIAL
MAIÚSCULA 112

LEITURA 2 – *BROA DE MILHO*,
CYBERCOOK............................ 114

ESTUDO DO TEXTO 115

ESTUDO DA ESCRITA – USO DE
TIL E DAS LETRAS **M** E **N** 117

JOGO DE PALAVRAS 119

PRODUÇÃO DE TEXTO –
RECEITA 120

ORALIDADE – APRESENTAÇÃO
DE RECEITA 122

OUTRA LEITURA – *A LENDA
DO MILHO*, ANTORACY
TORTORELO ARAUJO 124

ESTUDO DA LÍNGUA –
PARÁGRAFO 125

RETOMADA........................... 126

CONSTRUIR UM MUNDO
MELHOR – CHEGA DE
DESPERDÍCIO! 128

PERISCÓPIO...........................130

UNIDADE 5
DIVERSOS VERSOS 131

LEITURA 1 – *CASA DA VOVÓ*,
CLÁUDIO THEBAS 133

ESTUDO DO TEXTO 136

ESTUDO DA LÍNGUA –
MASCULINO E FEMININO 138

GIRAMUNDO – ESTATUTO
DO IDOSO 140

LEITURA 2 – *CAMINHO DO
CORAÇÃO*, MARTA LAGARTA ..142

ESTUDO DO TEXTO 144

ESTUDO DA ESCRITA –
PALAVRAS COM **H**, **CH**,
LH, **NH**......................................146

ORALIDADE – LEITURA
EXPRESSIVA 150

PRODUÇÃO DE TEXTO –
POEMA.................................... 151

OUTRA LEITURA – HAICAIS E
LIMERIQUES 154

RETOMADA........................... 156

PERISCÓPIO...........................158

UNIDADE 6
PARA CONVIVER BEM ...159

LEITURA 1 – *LUGARES
PÚBLICOS*, CÉLIA RIBEIRO.........161

ESTUDO DO TEXTO 163

ESTUDO DA LÍNGUA – FRASE
E PONTUAÇÃO...........................166

LEITURA 2 – *PODE ABRIR A
GELADEIRA NA CASA DOS
AMIGOS?*, ROSELY SAYÃO.......168

ESTUDO DO TEXTO 170

ESTUDO DA ESCRITA –
PALAVRAS COM **C** E **G**............. 173

ORALIDADE – EXPOSIÇÃO
DE OPINIÃO 175

PRODUÇÃO DE TEXTO – REGRAS DE CONVIVÊNCIA...................176

OUTRA LEITURA – *REVOLUÇÃO NO FORMIGUEIRO*, NYE RIBEIRO..............................179

RETOMADA...........................**182**

CONSTRUIR UM MUNDO MELHOR – EDUCAÇÃO NO TRÂNSITO 184

PERISCÓPIO..........................**186**

UNIDADE 7
PORQUÊS E DESCOBERTAS..................**187**

LEITURA 1 – *EM QUE A LAGARTA SE TRANSFORMA?*..189

ESTUDO DO TEXTO 192

OUTRA LEITURA – *OS SONHOS*, ADRIANA FALCÃO 194

ESTUDO DA LÍNGUA

SINGULAR E PLURAL 196

AS PALAVRAS NO DICIONÁRIO 199

LEITURA 2 – *CÃO*, BRITANNICA ESCOLA 201

ESTUDO DO TEXTO 202

ESTUDO DA ESCRITA – PALAVRAS COM **IM** E **IN** 205

PRODUÇÃO DE TEXTO – VERBETE DE ENCICLOPÉDIA 206

OUTRA LEITURA – *VIRA-LATA*, RICARDO AZEVEDO.................209

ORALIDADE – EXPOSIÇÃO ORAL DE PESQUISA...................210

RETOMADA...........................**212**

PERISCÓPIO..........................**214**

UNIDADE 8
NOTÍCIA: LER PARA SE INFORMAR **215**

LEITURA 1 – *MENINO DE 7 ANOS LÊ 88 LIVROS EM 2016: 'A GENTE CONHECE UM NOVO MUNDO'* 217

ESTUDO DO TEXTO 220

ESTUDO DA LÍNGUA

AUMENTATIVO E DIMINUTIVO.......................222

ACENTO AGUDO E ACENTO CIRCUNFLEXO...........................224

JOGO DE PALAVRAS 225

LEITURA 2 – *EM CASO RARO, GÊMEAS NASCEM COM COR DOS OLHOS E DA PELE DIFERENTES*, MAYCON CORAZZA 226

ESTUDO DO TEXTO 227

GIRAMUNDO – CADA UM É DE UM JEITO! 228

ESTUDO DA ESCRITA

PALAVRAS COM **ÃO** E **INHO/ZINHO** 229

SOM DE **E** E **O** EM FINAL DE PALAVRA.............................231

PRODUÇÃO DE TEXTO – NOTÍCIA 233

ORALIDADE – RELATO INFORMATIVO.........................234

OUTRA LEITURA – *LÚCIO E OS LIVROS*, ZIRALDO 235

RETOMADA...........................**238**

CONSTRUIR UM MUNDO MELHOR – LIXO RECICLÁVEL.. 240

PERISCÓPIO...........................**242**

REFERÊNCIAS **243**

MATERIAL COMPLEMENTAR... **245**

UNIDADE 1
PARLENDAS PARA BRINCAR

1. LEIA A PARLENDA COM A AJUDA DO PROFESSOR.

MEIO-DIA

NO   VAZIA

MEIO-DIA   ASSOBIA

FAZENDO   PRA DONA

PARLENDA.

2. RECORTE AS PALAVRAS DO **MATERIAL COMPLEMENTAR**, PÁGINA 245, ORGANIZE-AS PARA FORMAR A PARLENDA QUE VOCÊ LEU E COLE-AS NO CADERNO.

ANTES DE LER

1. PINTE AS CENAS.

2. DO QUE AS CRIANÇAS ESTÃO BRINCANDO? NESSAS BRINCADEIRAS, O QUE PODE SER RECITADO?

CENA 1

CENA 2

ILUSTRAÇÕES: LIE KOBAYASHI

3. LEIA AS PARLENDAS SOZINHO. DEPOIS, RECITE-AS EM VOZ ALTA COM OS COLEGAS.

A CASINHA DA VOVÓ
É COBERTA DE CIPÓ
O CAFÉ ESTÁ DEMORANDO
COM CERTEZA NÃO TEM PÓ.

PARLENDA.

SALADA, SALADINHA,
BEM TEMPERADINHA,
SAL,
PIMENTA,
FOGO,
FOGUINHO!

PARLENDA.

CORRE CUTIA
NA CASA DA TIA.
CORRE CIPÓ
NA CASA DA VÓ.
LENCINHO NA MÃO
CAIU NO CHÃO!
NA MÃO DE QUEM?
NA SUA MÃO.

PARLENDA.

É CANJA,
É CANJA,
É CANJA DE GALINHA.
ARRANJA OUTRO TIME
PRA JOGAR NA NOSSA LINHA!

PARLENDA.

A) QUAL DESSAS PARLENDAS VOCÊ ESCOLHERIA PARA BRINCAR DE **PULAR CORDA**? PINTE-A DE **AZUL**.

B) E QUAL VOCÊ ESCOLHERIA PARA BRINCAR DE **LENÇO ATRÁS**? PINTE-A DE **VERMELHO**.

9

LEITURA 1

OBSERVE A IMAGEM.
A QUE PARLENDA ELA SE REFERE? PINTE O TÍTULO.

A GALINHA DO VIZINHO

CADÊ O TOICINHO QUE ESTAVA AQUI?

UM, DOIS, FEIJÃO COM ARROZ

HOJE É DOMINGO

O PROFESSOR VAI LER A PARLENDA DA PÁGINA SEGUINTE. OUÇA E DEPOIS FAÇA UMA LEITURA EM JOGRAL COM OS COLEGAS.

CADÊ O TOICINHO QUE ESTAVA AQUI?

CADÊ O TOICINHO QUE ESTAVA AQUI?
O GATO COMEU.
CADÊ O GATO?
FOI PARA O MATO.
CADÊ O MATO?
O FOGO QUEIMOU.
CADÊ O FOGO?
A ÁGUA APAGOU.
CADÊ A ÁGUA?
O BOI BEBEU.
CADÊ O BOI?
FOI CARREGAR TRIGO.
CADÊ O TRIGO?
A GALINHA ESPALHOU.
CADÊ A GALINHA?
FOI BOTAR OVO.
CADÊ O OVO?
O PADRE COMEU.
CADÊ O PADRE?
ESTÁ NA IGREJA.
COMO É QUE SE VAI PRA IGREJA?
POR AQUI, POR AQUI, POR AQUI... (CÓCEGAS)

PARLENDA.

# ESTUDO DO TEXTO

1. CONVERSE COM OS COLEGAS SOBRE A PARLENDA *CADÊ O TOICINHO QUE ESTAVA AQUI?*.

A) VOCÊ JÁ CONHECIA ESSA PARLENDA?

B) A IMAGEM DO GATO DA PÁGINA 10 ILUSTRA O INÍCIO OU O FINAL DA PARLENDA?

2. MARQUE UM **X** NAS RESPOSTAS CORRETAS.

A) COMO A PARLENDA *CADÊ O TOICINHO QUE ESTAVA AQUI?* É FORMADA?

☐ SOMENTE POR PERGUNTAS.

☐ POR PERGUNTAS E RESPOSTAS.

B) EM QUE SITUAÇÃO RECITAMOS ESSA PARLENDA?

☐ EM MOMENTOS DE BRINCADEIRA E DIVERSÃO.

☐ PARA ENSINAR NÚMEROS E LETRAS.

3. OUÇA O QUE O PROFESSOR VAI LER SOBRE OS VERSOS DA PARLENDA.

> UMA PALAVRA QUE APARECE NA RESPOSTA SE REPETE NO VERSO SEGUINTE.

• COPIE DOIS VERSOS DA PARLENDA E CIRCULE AS PALAVRAS QUE SE REPETEM.

_____

_____

> CADA LINHA DA PARLENDA É UM **VERSO**.

4. ESCREVA O NOME DAS FIGURAS. DEPOIS, NUMERE-AS NA ORDEM EM QUE APARECERAM NA PARLENDA.

5. CIRCULE OS VERSOS QUE O PROFESSOR LER.

O GATO COMEU.	O BOI BEBEU.
O FOGO QUEIMOU.	A GALINHA ESPALHOU.
A ÁGUA APAGOU.	O PADRE COMEU.

6. PINTE O VERSO QUE FAZ UMA PERGUNTA.

CADÊ A GALINHA?

FOI BOTAR OVO.

- CONTE AOS COLEGAS O QUE VOCÊ OBSERVOU PARA ESCOLHER O VERSO.

7. COPIE A PALAVRA QUE INICIA A MAIORIA DAS PERGUNTAS DA PARLENDA.

_____

- AS PERGUNTAS PODERIAM INICIAR DE OUTRA MANEIRA? QUAL?

_____

_____

> **PARLENDAS** SÃO VERSOS FÁCEIS DE MEMORIZAR PORQUE COSTUMAM SER CURTOS, REPETITIVOS, COM RITMO E RIMA. AS PARLENDAS ORIGINAM-SE NA TRADIÇÃO ORAL E, COM O TEMPO, PASSAM A SER REGISTRADAS POR ESCRITO.

PAUSA PARA BRINCAR

PARLENDAS

VOCÊ CONHECE PARLENDAS QUE GERALMENTE SÃO RECITADAS NAS BRINCADEIRAS DE PULAR CORDA?

1. BRINQUE COM OS COLEGAS. RECITEM ESTAS PARLENDAS E OUTRAS QUE VOCÊS SOUBEREM.

UM HOMEM BATEU À MINHA PORTA E EU ABRI.
SENHORAS E SENHORES,
PONHAM A MÃO NO CHÃO.
SENHORAS E SENHORES,
PULEM DE UM PÉ SÓ.
SENHORAS E SENHORES,
DEEM UMA RODADINHA
E VÃO PRO OLHO DA RUA!

PARLENDA.

BATALHÃO, LHÃO, LHÃO,
APROVEITA A OCASIÃO!
QUEM NÃO ENTRA É UM BOBÃO!
ABACAXI, XI, XI,
QUEM NÃO SAI É UM SACI!
UM, DOIS, TRÊS,
QUEM ERRAR É UM FREGUÊS!

PARLENDA.

ILUSTRAÇÕES: CLARA GAVILAN

15

ESTUDO DA LÍNGUA

ALFABETO

1. RECITE MAIS UMA PARLENDA DE PULAR CORDA.

SUCO GELADO,
CABELO ARREPIADO.
QUAL É A LETRA
DO SEU CONVIDADO?
A, B, C, D, E, F, G, H, I, J, K, L, M,
N, O, P, Q, R, S, T, U, V, W, X, Y, Z.

SUCO GELADO,
PERUCA ARREPIADA.
QUAL É A LETRA
DA SUA CONVIDADA?
A, B, C, D, E, F, G, H, I, J, K, L, M,
N, O, P, Q, R, S, T, U, V, W, X, Y, Z.

PARLENDA.

2. COMPLETE O ALFABETO COM AS LETRAS MAIÚSCULAS QUE FALTAM.

A	a

	b		C	c			d		E	e			f
G	g			h			i			j		K	k
L	l		M	m			n		O	o			p
Q	q			r		S	s			t		U	u
	v		W	w		X	x			y		Z	z

16

3. VOCÊ SABE COMO SE BRINCA DE **SUCO GELADO**?
   A) O QUE ESSA PARLENDA AJUDA A MEMORIZAR?
   B) SE ALGUÉM ERRAR O PULO NA LETRA **C**, QUAL PODE SER O NOME:
   - DO CONVIDADO?
   _____
   - DA CONVIDADA?
   _____
   C) E SE ERRAR O PULO NA LETRA **R**?
   - NOME DO CONVIDADO:
   _____
   - NOME DA CONVIDADA:
   _____

4. LEIA AS PALAVRAS E LIGUE AS QUE TÊM O MESMO SIGNIFICADO.

SUCO	peruca
GELADO	arrepiado
CABELO	suco
ARREPIADO	convidada
PERUCA	gelado
CONVIDADA	cabelo

- HÁ ALGUMA DIFERENÇA ENTRE AS PALAVRAS QUE VOCÊ LIGOU? QUAL?

5. BRINQUE DE **SUCO GELADO** COM OS COLEGAS. DEPOIS COMPLETE O QUADRO.

LETRA EM QUE ERROU O PULO	NOME DO(A) CONVIDADO(A)	QUANTIDADE DE LETRAS DO NOME

A) PINTE OS NOMES COM ESTAS CORES:

☐ NOMES INICIADOS POR **VOGAIS**.

☐ NOMES INICIADOS POR **CONSOANTES**.

B) COPIE:

• O NOME QUE TEM MAIS LETRAS;

_____

• O NOME QUE TEM MENOS LETRAS.

_____

C) ESCREVA AS LETRAS DA PRIMEIRA COLUNA EM ORDEM ALFABÉTICA.

☐ ☐ ☐ ☐

> AS LETRAS **A, E, I, O, U** SÃO **VOGAIS**.
> AS LETRAS **B, C, D, F, G, H, J, K, L, M, N, P, Q, R, S, T, V, W, X, Y, Z** SÃO **CONSOANTES**.

ORDEM ALFABÉTICA

1. NAS BIBLIOTECAS, POR QUE OS LIVROS ESTÃO ORGANIZADOS EM ORDEM ALFABÉTICA?

2. RECORTE AS CAPAS DE LIVROS DO **MATERIAL COMPLEMENTAR**, PÁGINA 245.
   A) LEIA O QUE ESTÁ ESCRITO EM CADA CAPA.
   B) DECIDA COMO VOCÊ VAI ORGANIZAR OS LIVROS E COLE AS CAPAS NA IMAGEM DA ESTANTE ABAIXO.

C) COMO VOCÊ ORGANIZOU OS LIVROS?

D) O QUE VOCÊ OBSERVOU PARA ORGANIZAR OS LIVROS DESSE JEITO?

O TÍTULO.   A EDITORA.

O NOME DOS AUTORES.   OS DESENHOS.

3. OBSERVE OS LIVROS QUE VOCÊ COLOU NA ESTANTE E LISTE OS TÍTULOS EM ORDEM ALFABÉTICA.

_____

_____

_____

_____

_____

A) COM QUAIS LETRAS ESSES TÍTULOS COMEÇAM?

_____

B) O QUE VOCÊ OBSERVOU PARA DECIDIR EM QUE ORDEM ESCREVER ESSES TÍTULOS?

> A SEQUÊNCIA EM QUE AS LETRAS DO ALFABETO SÃO APRESENTADAS É CHAMADA DE **ORDEM ALFABÉTICA**.
> NA ORDEM ALFABÉTICA, PALAVRAS QUE COMEÇAM COM **A** VÊM ANTES DE PALAVRAS QUE COMEÇAM COM **B**, E ASSIM POR DIANTE.

LEITURA 2

LEIA AS PARLENDAS SOZINHO. DEPOIS RECITE-AS COM O PROFESSOR E OS COLEGAS.

MINHA MÃE MANDOU DIZER
PRA EU BATER NESTE DAQUI,
MAS COMO EU SOU TEIMOSO
EU VOU BATER NESTE DAQUI.
PARLENDA.

UNI, DUNI, TÊ,
SALAMÊ MINGUÊ
UM SORVETE COLORÊ
O ESCOLHIDO FOI VO... CÊ!
PARLENDA.

VOCÊ JÁ CONHECIA ESSAS PARLENDAS? CONHECE OUTRAS PARA BRINCAR DE ESCOLHER?

NAS PÁGINAS A SEGUIR HÁ PARLENDAS QUE SÃO RECITADAS EM DIFERENTES SITUAÇÕES. ANTES DE LÊ-LAS, FAÇA ESTA BRINCADEIRA:

- FORME UMA RODA COM MAIS TRÊS COLEGAS;
- BRINQUEM COM UMA DAS PARLENDAS ACIMA;
- O ÚLTIMO A SAIR DA RODA DEVE ESCOLHER UMA PARLENDA DAS PÁGINAS SEGUINTES E RECITÁ-LA PARA OS COLEGAS.

TENTE LER AS PARLENDAS SOZINHO E PINTE AS CENAS. DEPOIS RECITE-AS COM OS COLEGAS.

1 QUEM COCHICHA O RABO ESPICHA, COME PÃO COM LAGARTIXA.

QUEM RECLAMA O RABO INFLAMA, COME PÃO COM TATURANA.

PARLENDA.

2 ENTROU POR UMA PORTA, SAIU PELA OUTRA. QUEM QUISER QUE CONTE OUTRA!

PARLENDA.

3 TEM PICOLÉ, SEU JOSÉ?
É DE MURICI, DONA LILI,
É DE ABACAXI, SEU GIGI,
É DE COCO, SEU TINOCO,
É DE CAJU, DONA JUJU,
É DE MARACUJÁ, DONA SINHÁ,
É UM TREMENDÃO, SEU BRANDÃO.

PARLENDA.

TREMENDÃO: GÍRIA ANTIGA QUE SIGNIFICA RAPAZ BONITO OU LEGAL.

4 – MARIA VIOLA,
QUEM TÁ COM A BOLA?
– LÁ VAI A BOLA
GIRAR NA RODA,
PASSAR DEPRESSA,
E SEM DEMORA
E SE NO FIM
DESSA CANÇÃO
VOCÊ ESTIVER
COM A BOLA NA MÃO,
BEM DEPRESSA
PULE FORA!

PARLENDA.

ESTUDO DO TEXTO

1. CONVERSE COM OS COLEGAS SOBRE ESTAS QUESTÕES.

    A) VOCÊ JÁ CONHECIA ESSAS PARLENDAS?

    B) ALGUMA PARLENDA CHAMOU SUA ATENÇÃO POR SER DIFERENTE DO QUE VOCÊ JÁ TINHA ESCUTADO? QUAL? POR QUÊ?

2. LEIA ESTAS PALAVRAS DA PARLENDA EM VOZ ALTA. PINTE COM A MESMA COR AS PALAVRAS QUE TERMINAM COM O MESMO SOM.

INFLAMA	COCHICHA	TATURANA
LAGARTIXA	ESPICHA	RECLAMA

3. USE AS PALAVRAS DA ATIVIDADE 2 PARA COMPLETAR A PARLENDA A SEGUIR.

QUEM _____ O RABO _____,

COME PÃO COM _____.

QUEM _____ O RABO _____,

COME PÃO COM _____.

ILUSTRAÇÕES: CLAUDIA MARIANNO

24

A) ESCREVA O NOME DOS ANIMAIS DAS IMAGENS.

_____   _____

B) COPIE AS PARTES DA PARLENDA QUE SE REPETEM.

_____

_____

C) VOCÊ ACHA QUE ESSA PARLENDA SERVE PARA:

☐ BRINCAR DE ESCOLHER.

☐ ABORRECER OS OUTROS.

☐ ENSINAR REGRAS DE CONVÍVIO.

4. CONTINUE A BRINCADEIRA.

QUEM COMENTA O RABO AUMENTA,

COME PÃO COM _____.

QUEM IMPLICA O RABO ESTICA,

COME PÃO COM _____.

25

5. COPIE A PARLENDA DA PÁGINA 22 QUE COSTUMA SER RECITADA PARA TERMINAR UMA HISTÓRIA.

_____

_____

_____

6. OBSERVE AS CENAS.

- DAS PARLENDAS QUE VOCÊ LEU NAS PÁGINAS 22 E 23, QUAL PODERIA SER RECITADA:

A) NA CENA 1?

| 1 | 2 |
| 3 | 4 |

B) NA CENA 2?

| 1 | 2 |
| 3 | 4 |

JOGO DE PALAVRAS

1. VOCÊ SABE QUE DIA DA SEMANA É HOJE? PINTE-O.

2. VOCÊ CONHECE UMA PARLENDA QUE COMEÇA ASSIM?

HOJE É DOMINGO
PEDE CACHIMBO

QUAL É O PRÓXIMO VERSO DESSA PARLENDA?

☐ ACABOU-SE O MUNDO.

☐ O CACHIMBO É DE BARRO.

☐ O JARRO É FINO.

3. RECORTE OS VERSOS DO **MATERIAL COMPLEMENTAR**, PÁGINA 247.
ORGANIZE OS VERSOS E COLE-OS EM UMA FOLHA DE PAPEL PARA FORMAR A PARLENDA *HOJE É DOMINGO*. DEPOIS, ILUSTRE-A.

27

ESTUDO DA ESCRITA

PALAVRAS COM B E P

1. RECITE SEM ENROLAR A LÍNGUA.

BOTE A BOTA NO BOTE E TIRE O POTE DO BOTE.

A) CIRCULE A PALAVRA **BOTE** COM ESTAS CORES:

🟩 É UMA PEQUENA EMBARCAÇÃO.

🟧 É O MESMO QUE "PONHA, COLOQUE".

B) PINTE A IMAGEM QUE REPRESENTA O TRAVA-LÍNGUA.

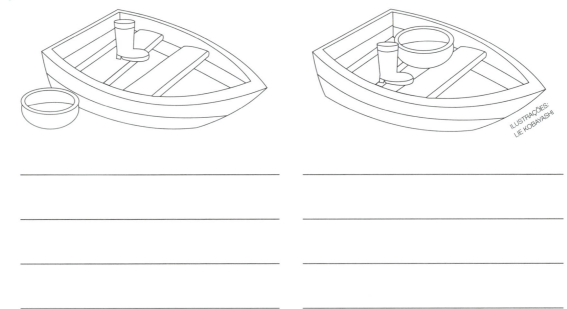

ILUSTRAÇÕES: LIE KOBAYASHI

_____   _____

_____   _____

_____   _____

_____   _____

C) ESCREVA LEGENDAS PARA AS IMAGENS DO ITEM **B** USANDO PALAVRAS DO TRAVA-LÍNGUA.

> **TRAVA-LÍNGUAS** SÃO TEXTOS QUE NOS DESAFIAM A FALAR PALAVRAS OU COMBINAÇÕES DE PALAVRAS DIFÍCEIS DE PRONUNCIAR, PORQUE HÁ REPETIÇÃO DE SONS SEMELHANTES.

2. LEIA EM VOZ ALTA E COMPARE AS PALAVRAS.

| B | O | T | E |

| B | O | T | A |

A) EM RELAÇÃO AO SOM, O QUE ESSAS PALAVRAS TÊM DE PARECIDO?

B) PINTE AS LETRAS QUE DIFERENCIAM UMA PALAVRA DA OUTRA.

C) TROQUE A TERCEIRA LETRA DE **BOTE** POR OUTRAS LETRAS E FORME NOVAS PALAVRAS.

_____

D) TROQUE A TERCEIRA LETRA DE **BOTA** POR OUTRAS LETRAS E FORME NOVAS PALAVRAS.

_____

3. LEIA AS PALAVRAS.

BOTE   POTE

A) ESSAS PALAVRAS SÃO DIFERENTES? POR QUÊ?

B) QUE LETRAS DIFERENCIAM UMA PALAVRA DA OUTRA?

_____

C) QUAIS PALAVRAS SÃO FORMADAS SE TROCARMOS **T** POR **D**?

_____

D) ESCREVA OUTRAS PALAVRAS QUE COMEÇAM COM **BO** E **PO**.

_____

_____

RECITAÇÃO COLETIVA DE PARLENDA

VOCÊ CONHECE ALGUMA PARLENDA COM NÚMEROS? COMO ELA É?

VOCÊ E OS COLEGAS VÃO RECITAR A PARLENDA DA PÁGINA SEGUINTE PARA UMA TURMA DO 1º ANO.

ANTES DA APRESENTAÇÃO

O PROFESSOR FARÁ A PRIMEIRA LEITURA.

HÁ TRÊS FINAIS DIFERENTES PARA A PARLENDA. VOCÊS PODEM FAZER UMA VOTAÇÃO PARA ESCOLHER QUAL DELES SERÁ RECITADO E PINTAR O QUADRO DO TEXTO ESCOLHIDO.

- MEMORIZEM A PARLENDA PARA RECITÁ-LA SEM LER.
- DECIDAM JUNTOS O RITMO DA RECITAÇÃO. QUE TAL RECITAR BATENDO PALMAS BEM DEVAGAR E, DEPOIS, BEM RÁPIDO?
- ENSAIEM QUANTAS VEZES FOREM NECESSÁRIAS PRONUNCIANDO AS PALAVRAS EM VOZ ALTA E CLARA.

UM, DOIS,
FEIJÃO COM ARROZ.
TRÊS, QUATRO,
FEIJÃO NO PRATO.
CINCO, SEIS,
FALAR INGLÊS.
SETE, OITO,
COMER BISCOITO.
NOVE, DEZ,
PARLENDA.

PARLENDA.

AGORA VOCÊS ESCOLHEM E PINTAM O FINAL:

COMER PASTÉIS!

BOBO TU ÉS!

VÁ NA BICA
LAVAR OS PÉS,
QUE TE DOU
QUINHENTOS RÉIS!

RÉIS: ANTIGA MOEDA BRASILEIRA.

DURANTE A APRESENTAÇÃO

- OLHEM PARA O PÚBLICO E LEMBREM-SE DO TOM DE VOZ E DO RITMO PARA QUE TODOS POSSAM OUVI-LOS E COMPREENDÊ-LOS.

DEPOIS DA APRESENTAÇÃO

1. O QUE VOCÊS ACHARAM DA APRESENTAÇÃO?
2. O QUE PODERIA SER MELHORADO?

PRODUÇÃO DE TEXTO

VARAL DE PARLENDAS

VOCÊ E OS COLEGAS ESCREVERÃO PARLENDAS PARA EXPÔ-LAS EM UM VARAL NA SALA DE AULA.

A EXPOSIÇÃO SERÁ VISITADA POR ALUNOS DE OUTRAS TURMAS.

PLANEJAMENTO

CONVERSE COM PESSOAS DE SUA CONVIVÊNCIA (FAMILIARES, PARENTES, VIZINHOS, AMIGOS, FUNCIONÁRIOS DA ESCOLA) PARA CONHECER OUTRAS PARLENDAS.

PERGUNTE TAMBÉM EM QUE SITUAÇÃO A PARLENDA QUE ENSINARAM A VOCÊ É UTILIZADA.

ESCRITA

ESCREVA NO ESPAÇO ABAIXO UMA PARLENDA QUE VOCÊ APRENDEU.

_____
_____
_____
_____
_____

RECITE SUA PARLENDA PARA OS COLEGAS DA TURMA.

CONTE A ELES QUEM A ENSINOU A VOCÊ.

AVALIAÇÃO

TROQUE SEU LIVRO COM O DE UM COLEGA. ELE LERÁ SUA PARLENDA E VOCÊ LERÁ A DELE. AO LER, OBSERVE:

- FALTA ALGUMA PALAVRA?
- HÁ PALAVRAS A MAIS?
- TODAS AS PALAVRAS FORAM ESCRITAS CORRETAMENTE?
- A PARLENDA ESTÁ ORGANIZADA EM VERSOS?
- VOCÊ JÁ CONHECIA ESSA PARLENDA?
- A PARLENDA ACOMPANHA ALGUMA BRINCADEIRA?
- SEU COLEGA SABE EXPLICAR COMO SE BRINCA?

O PROFESSOR TAMBÉM LERÁ AS PARLENDAS E INDICARÁ O QUE PRECISA SER MODIFICADO.

REESCRITA

PASSE SUA PARLENDA A LIMPO EM UMA FOLHA DE PAPEL OU DIGITE-A NO COMPUTADOR. DEPOIS IMPRIMA O TEXTO.

FAÇA UM DESENHO PARA ILUSTRÁ-LA.

APRESENTAÇÃO

PENDURE SUA PRODUÇÃO NO VARAL DE PARLENDAS.

O PROFESSOR CONVIDARÁ OUTRAS TURMAS PARA VISITAR A EXPOSIÇÃO.

VOCÊ E OS COLEGAS RECITARÃO ALGUMAS PARLENDAS PARA ELAS.

SE ALGUMA PARLENDA ACOMPANHAR UMA BRINCADEIRA, ENSINEM AOS VISITANTES COMO SE BRINCA.

OUTRA LEITURA

O POEMA QUE VOCÊ OUVIRÁ FOI INSPIRADO NA PARLENDA LIDA NO INÍCIO DESTA UNIDADE.

VEJA A CAPA DO LIVRO NO QUAL O POEMA FOI PUBLICADO.

- QUEM É O AUTOR? E O ILUSTRADOR?
- QUAL É O TÍTULO DO LIVRO?
- O QUE A IMAGEM MOSTRA?
- O QUE VOCÊ ACHA QUE A IMAGEM REVELA?
- VOCÊ JÁ SE SENTIU DESRESPEITADO ALGUMA VEZ?

O MEU AMIGO

CADÊ O PATO?
FUGIU NO MATO.
CADÊ A MALA?
ESTÁ NA ESCOLA.
CADÊ A BALA?
SUMIU NA SALA.
CADÊ O GATO?
ESTÁ NO SAPATO.
CADÊ A BOLA?
ESTÁ NA SACOLA.
CADÊ MEU AMIGO,
QUE BRINCA COMIGO?
SE TEM UM PERIGO,
VEM LOGO ESSE AMIGO
PRA ME AJUDAR.
COM ELE EU CONSIGO
RIR E BRINCAR.
SE ELE NÃO VOLTA,
EU POSSO CHORAR...
O AMIGO FOI LONGE,
MAS ELE JÁ VEM
CORRENDO, APRESSADO,
VEM DE BARCO, VEM DE TREM.
POIS QUE VENHA LOGO,
É BOM SE APRESSAR.
AI, SE ELE NÃO VOLTA,
EU POSSO CHORAR...

PEDRO BANDEIRA. *MAIS RESPEITO, EU SOU CRIANÇA!* ILUSTRAÇÕES DE ODILON MORAES. SÃO PAULO: MODERNA, 2009. P. 49. (SÉRIE RISOS E RIMAS).

- O QUE ESSE POEMA E A PARLENDA DO INÍCIO DA UNIDADE TÊM DE PARECIDO?
- QUAIS PALAVRAS TERMINAM COM O MESMO SOM?

 **RETOMADA**

1. O PROFESSOR RECITARÁ UMA PARLENDA CONHECIDA. DEPOIS ELE LERÁ O TEXTO ABAIXO. CIRCULE AS PALAVRAS DIFERENTES ENTRE O TEXTO QUE VOCÊ OUVIU E O TEXTO ESCRITO.

   ABOBRINHA QUANDO NASCE
   ESPALHA A LAMA PELO PÃO
   MENININHO QUANDO DORME
   PÕE A MÃO NO COLCHÃO

   - ESCREVA A PARLENDA DA FORMA QUE VOCÊ A CONHECE.

   _____
   _____
   _____

2. OBSERVE AS IMAGENS. DE QUAIS PARLENDAS VOCÊ SE LEMBROU? LIGUE.

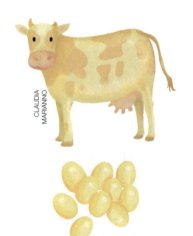

A GALINHA DO VIZINHO

VAMOS PASSEAR NA FLORESTA

VACA AMARELA

36

3. COMPLETE AS PARLENDAS COM AS PALAVRAS QUE FALTAM. SE PRECISAR, CONSULTE O QUADRO.

VOVÔ   SUCESSO

A

SERRA, SERRA, SERRADOR,

SERRA O PAPO DO _____.

B

ESSO, ESSO, ESSO

NOSSO TIME É UM _____.

A) RECITE AS PARLENDAS COM OS COLEGAS.

B) QUAL DAS PARLENDAS ACIMA VOCÊ ESCOLHERIA PARA RECITAR NESTAS SITUAÇÕES? INDIQUE-A PELA LETRA.

ILUSTRAÇÕES: CLAUDIA MARIANNO

4. COMPLETE COM **B** OU **P** E LEIA.

___ALEIA   PA___AI   ___E___INO

___I___A   ___EBÊ   ___OTÃO

___ONECA   A___ITO   ___IANO

PERISCÓPIO

📖 PARA LER

CADÊ?, DE GUTO LINS. SÃO PAULO: GLOBO, 2011.
ESSE LIVRO REPRODUZ UMA DAS MAIS TRADICIONAIS BRINCADEIRAS INFANTIS, A PARLENDA. TEXTO E ILUSTRAÇÕES CRIAM UMA HISTÓRIA DESAFIANTE, QUE INSTIGA A IMAGINAÇÃO E A CURIOSIDADE DO LEITOR.

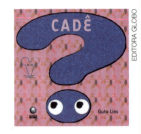

CRIANÇA POETA – QUADRAS, CORDÉIS E LIMERIQUES, DE CÉSAR OBEID. SÃO PAULO: EDITORA DO BRASIL, 2011.
A ESCOLHA DE UM NOME, AS BRINCADEIRAS DE UM PAI COM SEU FILHO, ENTRE TANTAS OUTRAS SITUAÇÕES SÃO APRESENTADAS POR MEIO DE QUADRAS, CORDÉIS E LIMERIQUES. O LIVRO É UM CONVITE AO MUNDO MÁGICO DAS RIMAS.

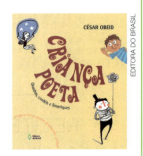

SEU REI BOCA DE FORNO, DE ROSINHA. SÃO PAULO: EDITORA DO BRASIL, 2012.
UM LIVRO PARA DIVERTIR E ENCANTAR. MUITOS VERSINHOS RIMADOS MOSTRAM TODA A CRIATIVIDADE DA CULTURA POPULAR.

CONTO COM VOCÊ!

1. LEIA AS FALAS E DESCUBRA QUEM RECEBEU CADA CONVITE. LIGUE O CONVITE À PESSOA.

2. O QUE VOCÊ IMAGINA QUE ESTÁ DENTRO DOS CONVITES?

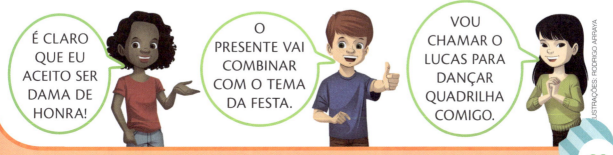

 **ANTES DE LER**

1. VOCÊ JÁ RECEBEU UM CONVITE? JÁ ENVIOU ALGUM? EM QUE OCASIÃO?

2. LEIA OS CONVITES ABAIXO.

ESPERO VOCÊ NA MINHA FESTA DE 8 ANOS!

QUANDO?
DIA 7 DE MAIO, ÀS 16 HORAS.

ONDE?
NA MINHA CASA: AVENIDA BRASIL, 113.

PARTICIPE DE NOSSO ARRAIAL NA QUADRA DA ESCOLA.

DIA: 13 DE JUNHO.
HORÁRIO: 10 HORAS.

VAI SER UMA FESTANÇA!

GOSTARÍAMOS DE CONVIDÁ-LA PARA SER NOSSA DAMA DE HONRA. VOCÊ ACEITA?

DATA: 20 DE MAIO.
HORÁRIO: 17 HORAS.
LOCAL: CLUBE AQUÁTICO DO BOSQUE.

COM CARINHO,
VANESSA E LUÍS.

A) QUE CONVITES SÃO ESSES?
B) QUE INFORMAÇÕES ELES CONTÊM?

VOCÊ JÁ PARTICIPOU DE UMA FESTA DO PIJAMA? PINTE O QUE COMBINA COM UMA FESTA DESSE TIPO.

- O QUE NÃO PODE FALTAR NO CONVITE PARA UMA FESTA DO PIJAMA? CONVERSE COM OS COLEGAS E RESPONDA.

_____

_____

_____

LEIA OS CONVITES A SEGUIR COM A AJUDA DO PROFESSOR.

1

AMIGA JÚLIA,

| VOCÊ ESTÁ CONVIDADA PARA MINHA FESTA! | NÃO VAI FALTAR DIVERSÃO! | COLOQUE SEU PIJAMA E VENHA PRONTA PARA CURTIR. |

QUANDO? SÁBADO, 10/3, A PARTIR DAS 18 HORAS.
ONDE? NA CASA DA MADU (RUA LARANJEIRAS, 17).

CONFIRME SUA PRESENÇA!

2

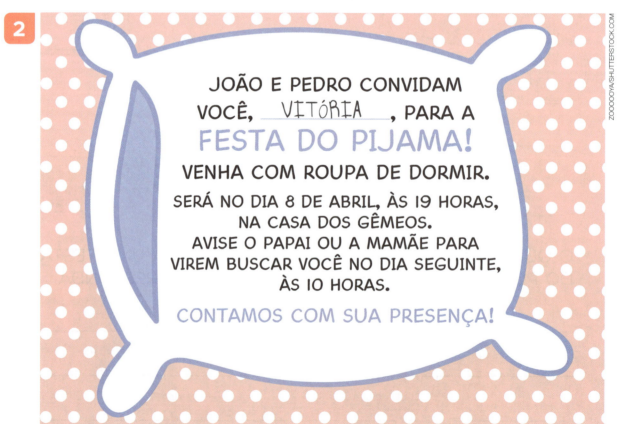

JOÃO E PEDRO CONVIDAM VOCÊ, VITÓRIA, PARA A

FESTA DO PIJAMA!

VENHA COM ROUPA DE DORMIR.

SERÁ NO DIA 8 DE ABRIL, ÀS 19 HORAS, NA CASA DOS GÊMEOS.
AVISE O PAPAI OU A MAMÃE PARA VIREM BUSCAR VOCÊ NO DIA SEGUINTE, ÀS 10 HORAS.

CONTAMOS COM SUA PRESENÇA!

ESTUDO DO TEXTO

1. OBSERVE O CONVITE **1** E RESPONDA:

    A) QUE PALAVRAS INDICAM QUE A FESTA É SÓ PARA MENINAS?

    _____

    B) A EXPRESSÃO "**A PARTIR DAS** 18 HORAS" QUER DIZER QUE:

    ☐ A FESTA COMEÇA ÀS 18 HORAS.

    ☐ OS CONVIDADOS DEVEM CHEGAR NESSE HORÁRIO EXATO.

    ☐ A FESTA TERMINA ÀS 18 HORAS.

    C) **18 HORAS** É O MESMO QUE:

    ☐ 4 HORAS DA TARDE.

    ☐ 5 HORAS DA TARDE.

    ☐ 6 HORAS DA TARDE.

2. TROQUE A PALAVRA DESTACADA POR OUTRA DE IGUAL SIGNIFICADO.

    • VENHA PRONTA PARA CURTIR.

    _____

3. ESCREVA DE OUTRA FORMA O DIA DA FESTA DO PIJAMA NA CASA DA MADU.

    _____

43

4. RESPONDA:

A) OS CONVITES QUE VOCÊ LEU SÃO PARA QUE TIPO DE FESTA?

_____

B) POR QUE A FESTA TEM ESSE NOME?

_____

_____

C) ONDE ESSE TIPO DE FESTA COSTUMA ACONTECER?

_____

5. COMPLETE O QUADRO DE ACORDO COM OS CONVITES DA PÁGINA 42.

CONVITE	QUEM CONVIDA?	QUEM É CONVIDADO?
1		
2		

6. OS CONVITES QUE VOCÊ LEU:

☐ SERVEM APENAS PARA AS PESSOAS ESCOLHIDAS PELOS DONOS DAS FESTAS.

☐ SERVEM PARA QUALQUER PESSOA QUE QUISER PARTICIPAR DAS FESTAS.

44

7. RESPONDA:

A) EM QUE DIA DA SEMANA SERÁ A FESTA DA MADU?

_____

B) EM QUE DIA E HORA VAI TERMINAR A FESTA DOS GÊMEOS?

_____

_____

C) ONDE SERÁ A FESTA DE JOÃO E PEDRO?

_____

D) POR QUE NÃO HÁ ENDEREÇO NO CONVITE DOS GÊMEOS?

8. QUE INFORMAÇÕES SÃO IMPORTANTES EM UM CONVITE? MARQUE AS RESPOSTAS COM **X**.

- [ ] NOME DO CONVIDADO.
- [ ] NOME DE QUEM CONVIDA.
- [ ] MOTIVO DO CONVITE.
- [ ] DETALHES DA FESTA.
- [ ] DATA E HORÁRIO DO EVENTO.
- [ ] LOCAL E ENDEREÇO DO EVENTO.
- [ ] LISTA COM O NOME DOS CONVIDADOS.

CONVITES SÃO FEITOS PARA SOLICITAR A PRESENÇA DE ALGUÉM EM UM EVENTO. O CONVITE DEVE CITAR QUAL É O EVENTO, A DATA, O LOCAL E A HORA EM QUE VAI OCORRER.

PAUSA PARA BRINCAR

JOGO DA MEMÓRIA

1. RECORTE AS FICHAS DO **MATERIAL COMPLEMENTAR**, PÁGINA 249. CONVIDE UM COLEGA PARA BRINCAR. O PROFESSOR EXPLICARÁ AS REGRAS.

PIJAMA	TRAVESSEIRO	PIPOCA
CHINELOS	ALMOFADA	SANDUÍCHE
COBERTOR	CABANA	SUCO
PANTUFAS	MÁSCARA	URSINHO

46

PALAVRAS

1. LEIA.

VOCÊ ESTÁ CONVIDADO PARA MINHA FESTA!

A) PINTE OS ESPAÇOS ENTRE AS PALAVRAS.

B) HÁ QUANTAS PALAVRAS NA MENSAGEM ACIMA?

C) FORME A PALAVRA **CONVIDADO** COM O ALFABETO MÓVEL.

D) DESCUBRA OUTRAS DUAS PALAVRAS ESCONDIDAS NELA E AS ESCREVA.

_____

E) FORME A PALAVRA **FESTA** COM O ALFABETO MÓVEL.

F) TROQUE A PRIMEIRA LETRA E FORME OUTRAS PALAVRAS.

_____

_____

2. TENTE LER AS FRASES A SEGUIR.

| NÃOVAIFALTARDIVERSÃO! | CONTOCOMSUAPRESENÇA! |

A) A LEITURA FOI FÁCIL OU DIFÍCIL? POR QUÊ?

B) REESCREVA AS FRASES SEPARANDO AS PALAVRAS CORRETAMENTE.

_____

_____

LEITURA 2

ACOMPANHE A LEITURA.

DISPONÍVEL EM: <www.editoracuore.com.br/?p=3430>.
ACESSO EM: 19 JUL. 2017.

- PARA QUE EVENTO É O CONVITE?
- VOCÊ JÁ FOI CONVIDADO PARA UM EVENTO COMO ESSE?
- O QUE ACONTECE NESSE TIPO DE EVENTO?
- QUEM ESTÁ CONVIDANDO?
- ONDE E QUANDO O EVENTO ACONTECEU?
- EM QUE HORÁRIO?
- ONDE O CONVITE FOI PUBLICADO?

ESTUDO DO TEXTO

1. **BI** SIGNIFICA DOIS OU DUAS VEZES.
   BICAMPEÃO: AQUELE QUE É OU FOI CAMPEÃO DUAS VEZES.
   BIMESTRAL: PERÍODO DE DOIS MESES.
   - NO CONVITE APARECE A PALAVRA BIENAL. O QUE ESSA PALAVRA SIGNIFICA?

   _____

   _____

2. OBSERVE AS FOTOGRAFIAS.

PAVILHÃO DE EXPOSIÇÕES DO ANHEMBI, LOCALIZADO NA CIDADE DE SÃO PAULO.

ESTANDE DA EDITORA CUORE NA 24ª BIENAL INTERNACIONAL DO LIVRO DE SÃO PAULO.

- VOCÊ SABE EXPLICAR O QUE É UM PAVILHÃO? E UM ESTANDE?

   PAVILHÃO É _____

   _____

   ESTANDE É _____

   _____

49

3. OBSERVE O PERSONAGEM PIKUIN. EXPLIQUE O QUE SIGNIFICA A PALAVRA **CURUMIM**.

ALESSANDRA TOZI/EDITORA CUORE

_____

_____

_____

_____

_____

_____

4. MARQUE A INFORMAÇÃO CORRETA COM **X**.

A) OS CONVIDADOS:

☐ SÃO PESSOAS ESCOLHIDAS PELOS DONOS DO EVENTO.

☐ SÃO AS CRIANÇAS EM GERAL.

B) O CONVITE É:

☐ INDIVIDUAL E FOI LIDO APENAS PELAS PESSOAS CONVIDADAS.

☐ PÚBLICO E FOI LIDO POR TODOS QUE ACESSARAM O _SITE_ DA EDITORA.

C) A LINGUAGEM UTILIZADA NO CONVITE:

☐ É MAIS FORMAL, POIS SE DIRIGE A PESSOAS DESCONHECIDAS.

☐ É INFORMAL, DESCONTRAÍDA, POIS SE DIRIGE A AMIGOS.

ORALIDADE

CONVERSA TELEFÔNICA

- VOCÊ COSTUMA CONVERSAR AO TELEFONE? COM QUEM?
- VOCÊ JÁ FEZ UM CONVITE POR TELEFONE OU FOI CONVIDADO DESSE JEITO?

AO FAZER UM CONVITE POR TELEFONE, É IMPORTANTE ORGANIZAR A FALA PARA NÃO SE ESQUECER DE INFORMAÇÕES IMPORTANTES, COMO O MOTIVO DO CONVITE, A DATA, O LOCAL E O HORÁRIO.

JUNTE-SE COM UM COLEGA. UM DE VOCÊS É QUEM CONVIDA, E O OUTRO É O CONVIDADO.

IMAGINEM-SE NAS SITUAÇÕES A SEGUIR. O QUE VOCÊS VÃO CONVERSAR AO TELEFONE?

SITUAÇÃO 1: VOCÊ VAI PARTICIPAR DE UMA FESTA DO PIJAMA E QUER CONFIRMAR PRESENÇA.

SITUAÇÃO 2: VOCÊ CONVIDARÁ UM COLEGA PARA IR A UMA LIVRARIA ONDE ACONTECERÁ O LANÇAMENTO DE UM LIVRO MUITO INTERESSANTE.

SITUAÇÃO 3: VOCÊ FOI CONVIDADO PARA IR A UMA FESTA DE ANIVERSÁRIO, MAS NÃO PODERÁ COMPARECER.

- COMO VOCÊ INICIARÁ A CONVERSA? CUMPRIMENTARÁ A PESSOA? O QUE COSTUMA DIZER NESSA SITUAÇÃO?
- COMO VOCÊ ENCERRARÁ A CONVERSA? COM UMA DESPEDIDA? O QUE DIRÁ?

ESTUDO DA ESCRITA

PALAVRAS COM D E T

1. LEIA AS PALAVRAS ABAIXO.

ESTANDE   ESTANTE

A) É A MESMA PALAVRA? POR QUÊ?

_____

_____

B) COMPLETE A FRASE COM AS PALAVRAS ACIMA.

NO _____ DA EDITORA HÁ UMA

_____ COM MUITOS LIVROS.

2. LEIA MAIS UM CONVITE.

A) PARA QUE TIPO DE EVENTO É O CONVITE?

B) O QUE ACONTECERÁ NESSE EVENTO?

C) DE QUE PERSONAGEM PARECE SER O DENTE QUE DOÍA?

_____

D) COPIE DO CONVITE AS PALAVRAS ESCRITAS COM AS LETRAS **D** E **T**. ATENÇÃO: ESSAS LETRAS DEVEM ESTAR NA MESMA PALAVRA.

_____

_____

_____

E) AGORA COPIE SOMENTE AS PALAVRAS QUE:

- COMEÇAM COM **TE**: _____.

- TERMINAM COM **TE**: _____.

F) TROQUE A PRIMEIRA LETRA DE CADA PALAVRA E FORME OUTRAS.

- **D**ENTE _____

_____

- **D**IA _____

_____

G) DESCUBRA E ESCREVA A(S) PALAVRA(S) ESCONDIDA(S).

- JACARÉ _____

- EDITORA _____

- CONTAÇÃO _____

- TERRA _____

3. PINTE A PRIMEIRA LETRA DO NOME DE CADA FIGURA. DEPOIS ESCREVA A PALAVRA.

 OMATE

 ADO

_____ _____

 APETE

 IJOLO

_____ _____

 OMINÓ

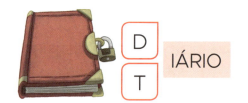 IÁRIO

_____ _____

 UCANO

 INOSSAURO

_____ _____

4. TROQUE **D** POR **T** E FORME OUTRAS PALAVRAS.

DADO _____   DIA _____

GADO _____   DEDO _____

VENDO _____ ESTANDE _____

JOGO DE PALAVRAS

1. PROCURE O NOME DE CADA FIGURA NAS ETIQUETAS E NUMERE-AS. DEPOIS ESCREVA A PALAVRA EMBAIXO DA FIGURA CORRESPONDENTE.

- [ ] BICICLETA
- [ ] PIPOCA
- [ ] TESOURA
- [ ] PANELA
- [ ] PAPAGAIO
- [ ] BOLO
- [ ] BOI
- [ ] TATU
- [ ] DEDO

ILUSTRAÇÕES: CLAUDIA MARIANNO

PRODUÇÃO DE TEXTO

CONVITE

CHEGOU O DIA DE ORGANIZAR A EXPOSIÇÃO DE CONVITES NA SALA DE AULA.

LEIA OS CONVITES TRAZIDOS PELOS COLEGAS. DEPOIS, COLE-OS EM UMA FOLHA DE PAPEL GRANDE PARA FORMAR UM PAINEL.

CONVIDE ALUNOS DE OUTRAS TURMAS PARA APRECIAR A EXPOSIÇÃO.

PLANEJAMENTO

VOCÊ E OS COLEGAS, COM A AJUDA DO PROFESSOR, FARÃO UM CONVITE QUE SERÁ DIRIGIDO ÀS OUTRAS TURMAS DA ESCOLA.

COMO VOCÊS IMAGINAM QUE ESSE CONVITE DEVE SER? TROQUEM IDEIAS SOBRE ISSO.

- É POSSÍVEL FAZER UM ÚNICO CONVITE PARA TODAS AS TURMAS?
- O QUE É PRECISO INDICAR NO CONVITE PARA QUE ELE SEJA DESTINADO A UMA TURMA ESPECÍFICA?
- VOCÊS ACHAM QUE É NECESSÁRIO ESCREVER O NOME DE TODOS OS COLEGAS NO CONVITE?

ESCRITA

COM O PROFESSOR, FAÇA UM RASCUNHO DO TEXTO EM UMA FOLHA DE PAPEL.

LEMBRE-SE DE ESCREVER:

- QUEM CONVIDA;

- QUEM SÃO OS CONVIDADOS;
- O MOTIVO DO CONVITE;
- A DATA, O HORÁRIO E O LOCAL DO EVENTO.

REVISÃO E REESCRITA

1. VERIFIQUEM JUNTOS SE:
- NO CONVITE HÁ O NOME DA TURMA À QUAL ELE SE DESTINA;
- HÁ TODAS AS INFORMAÇÕES NECESSÁRIAS PARA O CONVIDADO IR AO EVENTO;
- O MOTIVO DO CONVITE ESTÁ CLARO;
- A LINGUAGEM ESTÁ ADEQUADA A QUEM VAI LER O CONVITE;
- AS PALAVRAS ESTÃO ESCRITAS CORRETAMENTE;
- A ILUSTRAÇÃO ESTÁ RELACIONADA AO MOTIVO DO CONVITE.
2. CORRIJAM O QUE FOR NECESSÁRIO.
3. ESCREVAM A VERSÃO FINAL DO CONVITE EM UMA FOLHA DE PAPEL. VOCÊS TAMBÉM PODEM DIGITAR O TEXTO NO COMPUTADOR E IMPRIMI-LO.

SOCIALIZAÇÃO

REÚNA-SE COM ALGUNS COLEGAS E FORMEM UM GRUPO. CADA GRUPO ENTREGARÁ UM CONVITE A UMA TURMA DA ESCOLA.

NO DIA DA EXPOSIÇÃO, CONTEM AOS CONVIDADOS COMO OS CONVITES FORAM ORGANIZADOS.

OUTRA LEITURA

OBSERVE A CAPA DO LIVRO E LEIA AS INFORMAÇÕES.

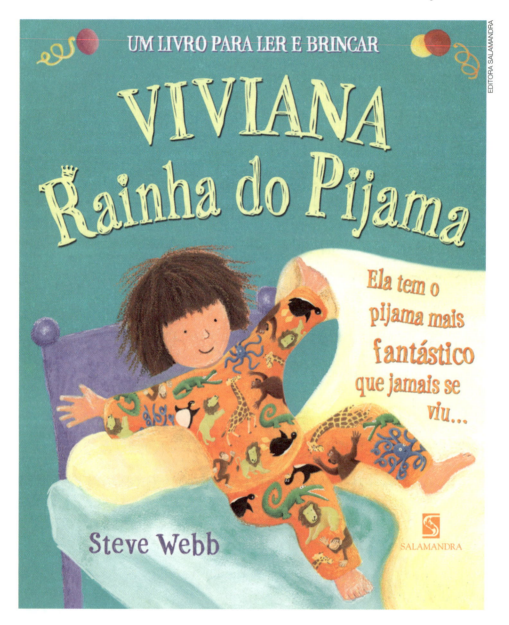

NA FRASE "ELA TEM O PIJAMA MAIS FANTÁSTICO QUE JAMAIS SE VIU...":
- QUEM É "ELA"?
- O QUE SIGNIFICA A PALAVRA "FANTÁSTICO"?
- COMO É O PIJAMA?
- QUAL É O TÍTULO DO LIVRO? O QUE VOCÊ IMAGINA ENCONTRAR EM UM LIVRO COM ESSE TÍTULO?

LEIA AGORA A QUARTA CAPA DO LIVRO.

- O QUE VOCÊ IMAGINA QUE VIVIANA ESCREVEU NO CONVITE PARA A FESTA MUNDIAL DO PIJAMA?
- QUEM VOCÊ ACHA QUE ELA CONVIDOU?

LEIA O CONVITE DE VIVIANA PARA O JACARÉ.

PARA O JACARÉ, NAS BARRANCAS LAMACENTAS DO RIO, AUSTRÁLIA

Caro Jacaré,
Você pode vir à minha incrível NOITE DO PIJAMA? Vai ter música, e também o Leão e o Pinguim. E um prêmio para o pijama mais sensacional.
Com afeto, Viviana
      Rainha do Pijama
              x x

P.S. Senhor Jacaré, todo cheio de dentes, que tipo de pijama o deixa contente?

BARRANCA: MARGEM DE UM RIO.
LAMACENTO: EM QUE HÁ MUITA LAMA.

STEVE WEBB. *VIVIANA RAINHA DO PIJAMA*. TRADUÇÃO DE LUCIANO VIEIRA MACHADO. SÃO PAULO: MODERNA, 2010. P. 14.

- COMO VOCÊ IMAGINA QUE É O PIJAMA DO JACARÉ?

LEIA A RESPOSTA DO JACARÉ.

STEVE WEBB. *VIVIANA RAINHA DO PIJAMA*. TRADUÇÃO DE LUCIANO VIEIRA MACHADO. SÃO PAULO: MODERNA, 2010. P. 15.

- VOCÊ IMAGINOU QUE O PIJAMA DO JACARÉ FOSSE ASSIM?
- COMO O JACARÉ ORGANIZOU A RESPOSTA AO CONVITE?

RETOMADA

1. OBSERVE O CONVITE. DEPOIS COMPLETE O QUADRO E RESPONDA ÀS PERGUNTAS.

A) COMPLETE O QUADRO.

TIPO DE CONVITE	
QUEM CONVIDA	
QUEM É CONVIDADO	
LOCAL	
HORÁRIO	
DATA	

B) POR QUE A FESTA VAI ACONTECER EM DOIS HORÁRIOS DIFERENTES?

_____

_____

_____

_____

C) O QUE OS CONVIDADOS PRECISAM LEVAR?

_____

D) EM QUE MÊS SERÁ REALIZADA A FESTA?

_____

2. O QUE FALTA EM CADA CONVITE?

_____   _____

_____   _____

63

CONSTRUIR UM MUNDO MELHOR

ESQUEÇA UM LIVRO

VOCÊ JÁ OUVIU FALAR NO PROJETO "ESQUEÇA UM LIVRO"?

ACOMPANHE A LEITURA DO TEXTO A SEGUIR.

 http://dc.clicrbs.com.br/sc/colunistas/viviane-bevilacqua

VIVIANE BEVILACQUA
25/1/2016

ESQUEÇA UM LIVRO POR AÍ E AJUDE A CAMPANHA EM FAVOR DA LEITURA

SE VOCÊ ENCONTRAR UM LIVRO NA RUA NESTA SEGUNDA-FEIRA, QUE PAREÇA TER SIDO ESQUECIDO POR ALGUÉM, PODE LEVAR PARA LER EM CASA SEM PESO ALGUM NA CONSCIÊNCIA. ELE FOI DEIXADO ALI DE PROPÓSITO PARA QUE OUTRA PESSOA O ACHASSE E TIVESSE A OPORTUNIDADE DE LER. ISSO ACONTECE PORQUE 26 DE JANEIRO É O DIA DO *ESQUEÇA UM LIVRO* […].

SHANE WHITE/SHUTTERSTOCK.COM

[...] PARA PARTICIPAR É MUITO SIMPLES: BASTA ESCOLHER NA SUA ESTANTE ALGUNS LIVROS (TODOS NÓS TEMOS EXEMPLARES QUE [...] PODEM SER DOADOS) E SAIR POR AÍ, ESQUECENDO-OS EM LUGARES PÚBLICOS. O IDEAL É COLOCAR UM BILHETE DENTRO DO LIVRO ESCLARECENDO QUE [...] DEVE SER LIDO E ESQUECIDO POSTERIORMENTE EM OUTRO LOCAL, PARA QUE OUTROS TENHAM OPORTUNIDADE DE LÊ-LO.
[...]

DISPONÍVEL EM: <http://dc.clicrbs.com.br/sc/colunistas/viviane-bevilacqua/noticia/2016/01/esqueca-um-livro-por-ai-e-ajude-a-campanha-em-favor-da-leitura-4959466.html>. ACESSO EM: 19 JUL. 2017.

E ENTÃO, O QUE VOCÊ ACHOU DESSE PROJETO? QUE TAL COLOCÁ-LO EM PRÁTICA?

"ESQUEÇA" UM LIVRO EM ALGUM LUGAR DE SUA ESCOLA OU DO BAIRRO EM QUE MORA.

ESCREVA UMA MENSAGEM, COLOQUE-A DENTRO DELE AVISANDO QUE O "ESQUECIMENTO" FOI DE PROPÓSITO E CONVIDE A PESSOA A FAZER O MESMO DEPOIS.

PERISCÓPIO

📖 PARA LER

FESTA DE ANIVERSÁRIO, DE TELMA GUIMARÃES CASTRO ANDRADE. SÃO PAULO: EDITORA DO BRASIL, 2006.
UMA MENINA DECIDE COMEMORAR O ANIVERSÁRIO CONVIDANDO OS AMIGOS E OS ANIMAIS DE ESTIMAÇÃO DELES. A CONFUSÃO ESTÁ ARMADA!

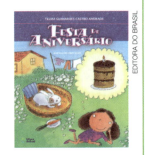

FESTA DO PIJAMA, DE ZIRALDO. SÃO PAULO: MELHORAMENTOS, 2014.
O MENINO MALUQUINHO E SEUS AMIGOS APRONTARÃO MUITAS TRAVESSURAS NA FESTA DO PIJAMA. O LIVRO FOI ESCRITO COM BASE NA SÉRIE DE TV.

O CONVITE, DE PILAR RAMOS. SÃO PAULO: EDITORA DO BRASIL, 2009.
TIAGO FOI CONVIDADO PARA DORMIR SEM OS PAIS NA CASA DE UM AMIGO. É HORA DE PÔR EM PRÁTICA O QUE APRENDEU DE HIGIENE E CUIDADOS PESSOAIS.

👆 PARA ACESSAR

ZUZUBALÂNDIA: NESTE *SITE* VOCÊ ENCONTRA IMAGENS DIVERTIDAS PARA COPIAR E COLAR EM CARTÕES DE ANIVERSÁRIO.
DISPONÍVEL EM: <HTTPS://ZUZUBALANDIA.COM.BR/CARTOES.HTML>. ACESSO EM: 20 MAR. 2018.

UNIDADE 3
HISTÓRIAS COM DESENHOS E BALÕES

1. RECORTE OS QUADRINHOS DO **MATERIAL COMPLEMENTAR**, PÁGINA 249. COLE-OS AQUI PARA COMPLETAR A HISTÓRIA.

SNOOPY E SUA TURMA: QUADRINHOS E ATIVIDADES.
RIO DE JANEIRO: EDIOURO, 2016. P. 85. (COQUETEL).

ANTES DE LER

OBSERVE OS ELEMENTOS A SEGUIR.

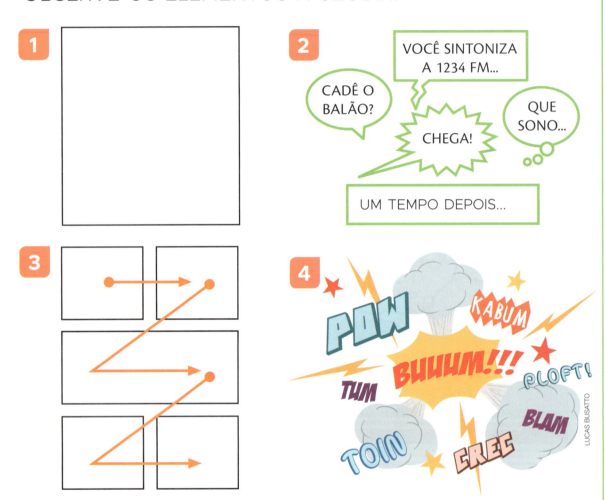

- O QUE ESSES ELEMENTOS REPRESENTAM?
- ONDE ELES APARECEM?
- QUAL DELES MOSTRA A ORDEM EM QUE A LEITURA DEVE SER FEITA? ESSA ORDEM É IMPORTANTE?
- O QUE É UM BALÃO DE PENSAMENTO? E UM BALÃO DE DIÁLOGO? QUE OUTROS BALÕES EXISTEM?
- VOCÊ CONHECE OUTROS ELEMENTOS IMPORTANTES DAS HISTÓRIAS EM QUADRINHOS?

LEITURA 1

VOCÊ CONHECE A TURMA DO MENINO MALUQUINHO? LEIA OS TEXTOS SOBRE DOIS PERSONAGENS DESSA TURMA.

JUNIM

POR SER O MAIS NOVINHO E O MAIS BAIXINHO DA TURMA, [...] FICA CHATEADO COM AS CAÇOADAS DOS COLEGAS E TENTA DESCONTAR DE QUALQUER MANEIRA. ACABA SE TORNANDO UM "CRI-CRI". [...]

BOCÃO

É O MELHOR AMIGO DO MALUQUINHO. MUITO FIEL, CORAJOSO E SIMPÁTICO [...]. ENTENDE TUDO ERRADO, CONFUNDE AS COISAS E É UM SUFOCO PRA ELE APRENDER O QUE A PROFESSORA TENTA ENSINAR. [...]

DISPONÍVEL EM: <http://meninomaluquinho.educacional.com.br/personagens>.
ACESSO EM: 4 JUN. 2017.

⭐ SOBRE O AUTOR

ZIRALDO ALVES PINTO NASCEU EM CARATINGA, MINAS GERAIS. ELE É PINTOR, CARTAZISTA, JORNALISTA, TEATRÓLOGO, CHARGISTA, CARICATURISTA E ESCRITOR.
CRIOU PERSONAGENS FAMOSOS, COMO O MENINO MALUQUINHO.

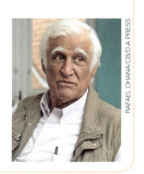

NAS PÁGINAS A SEGUIR, VOCÊ LERÁ UMA HISTÓRIA EM QUADRINHOS COM ESSES PERSONAGENS.

69

ZIRALDO. *A PANELA DO MENINO MALUQUINHO*. SÃO PAULO: GLOBO, 2010. E-BOOK.

ESTUDO DO TEXTO

1. LEIA AS CAIXAS DE LEGENDAS E OBSERVE OS DESENHOS. EXPLIQUE O QUE É:

A) ENCOMENDA.

B) ASCENSORISTA.

_____ _____

_____ _____

_____ _____

2. LEIA AS PALAVRAS A SEGUIR. DEPOIS EXPLIQUE A SEMELHANÇA E A DIFERENÇA ENTRE ELAS.

ACORDA   A CORDA

_____

_____

_____

73

3. PINTE NO PAINEL DO ELEVADOR OS BOTÕES QUE O ASCENSORISTA VAI APERTAR PARA ATENDER AS PESSOAS.

A) IMAGINE QUE O TIO DO MENINO TRABALHA NO DÉCIMO SEGUNDO ANDAR. QUE BOTÃO O ASCENSORISTA VAI APERTAR?

B) O QUE SÃO OS SÍMBOLOS AO LADO DOS NÚMEROS?

_____

_____

_____

_____

C) PARA QUE SERVEM OS BOTÕES ABAIXO?

4. RELEIA O PRIMEIRO QUADRINHO DA HISTÓRIA E RESPONDA.

A) ONDE JUNIM ESTÁ?

B) POR QUE JUNIM ESTÁ DE TERNO E GRAVATA E SEGURA UM MICROFONE?

C) QUE TIPO DE *SHOW* JUNIM APRESENTA?

D) PARA QUEM ELE ESTÁ FAZENDO A PERGUNTA?

E) QUE PALAVRA JUNIM PODERIA TER USADO PARA TERMINAR SUA FALA?

5. NUMERE OS QUADRINHOS DA HISTÓRIA E RESPONDA ÀS PERGUNTAS.

A) QUAIS QUADRINHOS MOSTRAM A PIADA CONTADA POR JUNIM? ESCREVA OS NÚMEROS.

_____

_____

B) EM QUAIS DOS QUADRINHOS DA PIADA HÁ A VOZ:

• DO MENINO QUE FOI LEVAR A ENCOMENDA?

_____

• DO JUNIM?

_____

_____

• DO ASCENSORISTA?

_____

• DAS PESSOAS QUE PEDEM O ANDAR AO ASCENSORISTA?

_____

6. OBSERVE O QUADRINHO E RESPONDA:

A) O QUE ESTÁ ESCRITO NA CAIXA DE LEGENDA?

_____
_____
_____
_____

B) NAS HISTÓRIAS EM QUADRINHOS, A LINGUAGEM É FORMAL OU INFORMAL? EXPLIQUE SUA RESPOSTA.

> AS HISTÓRIAS EM QUADRINHOS COSTUMAM UTILIZAR UMA LINGUAGEM INFORMAL, DESCONTRAÍDA.

7. OBSERVE ESTE QUADRINHO E RESPONDA:

A) TODAS AS FALAS DO QUADRINHO ACIMA SÃO DE JUNIM?

_____
_____

B) POR QUE EM UM DOS BALÕES AS PALAVRAS ESTÃO ESCRITAS EM LETRAS MAIORES E DESTACADAS?

☐ PARA MOSTRAR QUE A FALA É DE OUTRO PERSONAGEM.

☐ PARA MOSTRAR QUE A FALA É PRONUNCIADA EM TOM MAIS ALTO QUE O NORMAL.

C) NA FALA "MUITO BOA, ESSA!", A PALAVRA "ESSA" SE REFERE:

☐ À ENCOMENDA. ☐ À PIADA.

☐ À RISADA. ☐ AO MENINO.

8. BOCÃO NÃO ENTENDEU A PIADA PORQUE:

☐ ELE NÃO GOSTA DE PIADAS.

☐ ESSA É UMA CARACTERÍSTICA DO PERSONAGEM.

☐ JUNIM NÃO É UM BOM CONTADOR DE PIADAS.

9. VOLTE À HISTÓRIA E RELEIA OS DOIS QUADRINHOS FINAIS.

A) VOCÊ ENTENDEU POR QUE BOCÃO JOGOU A CORDA PARA JUNIM? CONTE AOS COLEGAS.

B) QUE PALAVRA INDICA QUE A HISTÓRIA TERMINOU?

AS **HISTÓRIAS EM QUADRINHOS** SÃO NARRADAS EM UMA SEQUÊNCIA DE QUADROS POR MEIO DE DESENHOS E PALAVRAS. AS PALAVRAS SÃO ESCRITAS EM CAIXAS DE LEGENDA OU BALÕES. O CONTORNO DE CADA BALÃO INDICA DE QUE MODO O PERSONAGEM SE EXPRESSA.

GIRAMUNDO

LANCHEIRA SAUDÁVEL

RELEIA AS FALAS DOS PERSONAGENS NESTE QUADRINHO DA HISTÓRIA.

VOCÊ JÁ PREFERIU USAR A ESCADA EM VEZ DO ELEVADOR?

ALÉM DE PRATICAR ATIVIDADES FÍSICAS, CUIDAR DA ALIMENTAÇÃO É MUITO IMPORTANTE.

O QUE VOCÊ COME NA HORA DO RECREIO?

1. LEIA O TEXTO A SEGUIR E RESPONDA ÀS QUESTÕES.

LANCHEIRA SAUDÁVEL

NA HORA DE MONTAR O LANCHE, APRENDA A ESCOLHER QUITUTES QUE, ALÉM DE DELICIOSOS, FAZEM BEM PARA SAÚDE

TRIIIIM... O SINAL ANUNCIA O RECREIO E LOGO COMEÇA A AGITAÇÃO. AFINAL, É HORA DE BRINCAR E LANCHAR! HUMM! SE VOCÊ JÁ COMEÇOU A SALIVAR PENSANDO EM BISCOITOS RECHEADOS OU *PIZZAS*, SAIBA QUE, APESAR DE GOSTOSAS, ESSAS COMIDAS NÃO SÃO AS MAIS INDICADAS PARA NOSSOS LANCHES DIÁRIOS.

"ESSES ALIMENTOS SÃO DE ALTO VALOR CALÓRICO E BAIXO VALOR NUTRITIVO", ALERTA A NUTRICIONISTA MARIA LUCIA POLÔNIO, PROFESSORA DA UNIVERSIDADE FEDERAL DO ESTADO DO RIO DE JANEIRO (UNIRIO). EM OUTRAS PALAVRAS, ELES POSSUEM MUITAS CALORIAS – QUE SÃO FUNDAMENTAIS PARA TERMOS ENERGIA, MAS QUE, EM EXCESSO, PODEM NOS TRAZER UNS QUILINHOS A MAIS – E POUCOS NUTRIENTES COMO VITAMINAS E MINERAIS.

UM LANCHE SAUDÁVEL DEVE TER VALOR CALÓRICO MODERADO E VALOR NUTRITIVO BEM ALTO. ENCONTRAMOS ESSAS CARACTERÍSTICAS EM ALIMENTOS COMO FRUTAS, LEGUMES, VERDURAS E CEREAIS. [...]

DISPONÍVEL EM: <http://chc.org.br/lancheira-saudavel>.
ACESSO EM: 20 ABR. 2017.

A) POR QUE ALIMENTOS COMO BISCOITO RECHEADO E *PIZZA* NÃO SÃO INDICADOS PARA O LANCHE DIÁRIO?

B) QUE OUTROS ALIMENTOS POSSUEM MUITAS CALORIAS E POUCOS NUTRIENTES?

C) QUAIS SÃO OS ALIMENTOS MAIS INDICADOS PARA O LANCHE DIÁRIO?

D) QUE ALIMENTOS SAUDÁVEIS VOCÊ COSTUMA CONSUMIR?

SÍLABA

1. RECITE A PARLENDA.

> U-NI-DU-NI-TÊ
> SA-LA-MÊ-MIN-GUÊ
> UM SORVETE COLORÊ
> O ESCOLHIDO FOI VO... CÊ!
>
> PARLENDA.

A) EM QUE SITUAÇÃO VOCÊ PODE RECITAR ESSA PARLENDA?

B) O QUE ACONTECE ENQUANTO SE RECITA ESSA PARLENDA PARA FAZER UMA ESCOLHA?

C) O QUE ACONTECE QUANDO SE RECITA A ÚLTIMA PARTE (**CÊ**)?

D) COMO AS PALAVRAS DOS DOIS PRIMEIROS VERSOS FORAM ESCRITAS?

E) O QUE FOI USADO PARA SEPARAR CADA PARTE DA PALAVRA?

F) ESCREVA O TERCEIRO E O QUARTO VERSOS DO MESMO MODO QUE OS DOIS PRIMEIROS.

_____

_____

_____

> CADA PARTE PRONUNCIADA DE UMA PALAVRA É UMA **SÍLABA**.

2. ESCREVA O NOME DAS IMAGENS. SE PRECISAR, CONSULTE O QUADRO.

SORTE	SORVETE	SORRISO	SORVETEIRO
SORTEIO	SORVETEIRA	SORRIR	SORVETERIA

A)

_____

C)

_____

B)

_____

D)

ILUSTRAÇÕES: CLAUDIA MARIANNO

_____

3. LEIA EM VOZ ALTA O NOME DE CADA IMAGEM. DEPOIS, REESCREVA AS PALAVRAS SEPARANDO AS SÍLABAS.

A) _____

B) _____

C) _____

D) _____

4. RESPONDA ÀS QUESTÕES DE ACORDO COM AS PALAVRAS DA ATIVIDADE 3.

   A) O QUE ESSAS PALAVRAS TÊM EM COMUM?

   _____

   B) QUE PALAVRA TEM MAIS SÍLABAS?

   _____

   C) QUE PALAVRA TEM MENOS SÍLABAS?

   _____

5. CONVERSE COM OS COLEGAS SOBRE ESTAS QUESTÕES.

   A) HÁ PALAVRA FORMADA POR UMA ÚNICA SÍLABA?

   B) HÁ PALAVRA FORMADA POR MAIS DE QUATRO SÍLABAS?

   C) HÁ SÍLABA FORMADA POR UMA ÚNICA LETRA?

   D) ESSA LETRA É SEMPRE UMA VOGAL OU UMA CONSOANTE?

   E) HÁ SÍLABA FORMADA POR QUATRO LETRAS?

6. LEIA ESTE TRAVA-LÍNGUA.

> O MONSTRO BRANCO TEM TROMBA PRETA
> E O MONSTRO PRETO TEM TROMBA BRANCA.

EVA FURNARI. *TRAVADINHAS*. ILUSTRAÇÕES DA AUTORA. 3. ED. SÃO PAULO: MODERNA, 2011. (SÉRIE MIOLO MOLE). P. 9.

   A) QUE PARTE DO TRAVA-LÍNGUA VOCÊ ACHOU MAIS DIFÍCIL DE LER?

   B) SEPARE AS SÍLABAS DE CADA PALAVRA DO TRAVA-LÍNGUA COM UMA BARRINHA.

   C) CIRCULE AS SÍLABAS COM QUATRO LETRAS.

ORALIDADE

APRESENTAÇÃO EM PÚBLICO

JUNIM, O PERSONAGEM DA HISTÓRIA EM QUADRINHOS QUE VOCÊ LEU, CONTA PIADAS EM UM *SHOW*.

SE O *SHOW* FOSSE SEU, COMO VOCÊ ACHA QUE DEVERIA SE COMPORTAR ANTES E DURANTE A APRESENTAÇÃO?

LEIA A SEGUIR ALGUMAS SUGESTÕES DAS CRIANÇAS.

MARQUE ABAIXO COM UM **X** OUTRAS SUGESTÕES COM AS QUAIS VOCÊ CONCORDA.

- [ ] TREINE NA FRENTE DE UM ESPELHO.

- [ ] FALE BAIXINHO: AS PESSOAS É QUE PRECISAM FAZER SILÊNCIO.

- [ ] FAÇA PERGUNTAS PARA INTERAGIR COM O PÚBLICO.

- [ ] CONTE A PIADA ÀS PESSOAS DA FAMÍLIA COM UM MICROFONE.

QUE TAL EXPERIMENTAR?

ESCOLHA UMA PIADA PARA CONTAR AOS COLEGAS, COMO SE FOSSE O COMEDIANTE DE UM *SHOW*.

- FIQUE NA FRENTE DA TURMA, NA SALA DE AULA.

- FALE DE FORMA NATURAL, COMO SE ESTIVESSE CONTANDO ALGO QUE ACONTECEU COM VOCÊ.

- OLHE PARA AS PESSOAS QUE ESTÃO OUVINDO.

- FAÇA EXPRESSÕES E GESTOS, SE A PIADA PERMITIR.

- MUDE O TOM DE VOZ PARA INTERPRETAR A FALA DOS PERSONAGENS.

- CRIE SUSPENSE PARA PRENDER A ATENÇÃO DOS OUVINTES.

- NÃO COMECE A RIR NO MEIO DO RELATO.

- SAIBA A PIADA DO COMEÇO AO FIM.

O PROFESSOR VAI MARCAR UM DIA PARA AS APRESENTAÇÕES.

LEITURA 2

OBSERVE O INÍCIO DE UMA HISTÓRIA EM QUADRINHOS E CONVERSE COM OS COLEGAS.

- QUAL É O TÍTULO DA HISTÓRIA EM QUADRINHOS?
- QUEM SÃO OS PERSONAGENS?
- ONDE ELES ESTÃO?
- O QUE ESTÃO FAZENDO?
- O QUE O PERSONAGEM FALA? O QUE ESSA FALA INDICA?
- O QUE É UMA FÁBULA?

⭐ SOBRE O AUTOR

MAURICIO DE SOUSA ESCREVE HISTÓRIAS EM QUADRINHOS. ELE É UM DOS CARTUNISTAS MAIS FAMOSOS DO BRASIL. CRIOU A MÔNICA, O CASCÃO, O CEBOLINHA, A MAGALI E MUITOS OUTROS PERSONAGENS.

85

[...]

MAURICIO DE SOUSA. *BIDU: FÁBULAS*. DISPONÍVEL EM: <http://turmadamonica.uol.com.br/quadrinhos>. ACESSO EM: 5 ABR. 2017.

1. OBSERVE O TERCEIRO QUADRINHO DA HISTÓRIA.

A) VOCÊ PERCEBEU O FORMATO DOS BALÕES? EXPLIQUE A FUNÇÃO DE CADA UM DELES.

_____

_____

B) POR QUE A HASTE DE UM DOS BALÕES É COMPRIDA?

_____

_____

C) VOCÊ SABE O QUE A EXPRESSÃO "HUNF!" QUER DIZER?

☐ CONTENTAMENTO.   ☐ CHATEAÇÃO.

D) E A EXPRESSÃO "GRANDE COISA!", O QUE SIGNIFICA?

☐ DESPREZO.   ☐ ADMIRAÇÃO.

90

2. OBSERVE O QUINTO QUADRINHO DA HISTÓRIA.

A) O QUE A CARA DE BIDU EXPRESSA?

_____
_____
_____
_____

B) POR QUE HÁ ... NO FINAL DA FALA?

_____
_____

3. PINTE O BALÃO QUE DEVE SER LIDO PRIMEIRO.

- O QUE A EXPRESSÃO E A FALA DE BIDU DEMONSTRAM NESSE QUADRINHO?

_____
_____

4. LIGUE AS EXPRESSÕES AO QUE ELAS INDICAM.

ADMIRAÇÃO

MOVIMENTO RÁPIDO

CHORO

O QUÊ?

5. LEIA ESTE QUADRINHO.

A) POR QUE APARECEM NOTAS MUSICAIS NO BALÃO?

B) POR QUE A PALAVRA "DEMA-AIS" FOI ESCRITA DESSA FORMA?

_____

C) QUAL É A FORMA CORRETA DE SEPARAR AS SÍLABAS DESSA PALAVRA?

_____

6. RECONTE O FINAL DA HISTÓRIA COM SUAS PALAVRAS.

• VOCÊ ACHA QUE ESSA HISTÓRIA EM QUADRINHOS TRAZ ALGUM ENSINAMENTO? QUAL?

ESTUDO DA ESCRITA

PALAVRAS COM F E V

1. LEIA UM TRECHO DO LIVRO *BICHODÁRIO*.

> [...]
> O QUE COMEÇA COM F?
> A FOCA FURIOSA COM A FUINHA!
> [...]
> E COM A LETRA V?
> O VEADO PASSEANDO NO VERÃO.
> [...]
>
> TELMA GUIMARÃES. *BICHODÁRIO*.
> SÃO PAULO: LAFONTE, 2013. P. 9 E 25.

A) CIRCULE AS PALAVRAS ESCRITAS COM **F** OU COM **V**.

B) "FURIOSA" É O MESMO QUE:

☐ CURIOSA.   ☐ COM RAIVA.   ☐ CONFUSA.

C) O QUE MAIS COMEÇA COM **F** OU COM **V**? COMPLETE O QUADRO COM PALAVRAS QUE VOCÊ CONHEÇA.

	F	V
NOMES		
OBJETOS		
ALIMENTOS		
PROFISSÕES		

D) LEIA PARA OS COLEGAS AS PALAVRAS QUE VOCÊ ESCREVEU.

2. LEIA UM TRECHO DO LIVRO *CIRANDA DAS VOGAIS*.

> [...]
> DEBAIXO DO LIMOEIRO,
> UM CRAVO JOGAVA CAXANGÁ.
> BRINCAVA COM AS LETRAS,
> TROCAVA TUDO DE LUGAR.
> DESTA VEZ TINDOLELÊ,
> DE OUTRA VEZ TINDOLALÁ!
>
> QUAL É A DIFERENÇA ENTRE:
> FACA E FOCA,
> PRATO E PRETO,
> SAL E SOL?
>
> [...]
>
> QUAL É A DIFERENÇA ENTRE:
> BALA E BOLA,
> VELA E VILA,
> DADO E DEDO?
> [...]
>
> ZOÉ RIOS. *CIRANDA DAS VOGAIS*. BELO HORIZONTE:
> RHJ, 2011. P. 8, 10 E 16.

A) DE QUE CANTIGAS VOCÊ SE LEMBROU AO LER OS PRIMEIROS VERSOS?

_____

_____

B) CIRCULE NO TEXTO A LETRA QUE FAZ A DIFERENÇA ENTRE AS PALAVRAS PARECIDAS.

C) COPIE DO TEXTO AS PALAVRAS ESCRITAS COM **F** E **V**.

_____

JOGO DE PALAVRAS

1. COMPLETE O DIAGRAMA COM AS PALAVRAS ABAIXO.

FARINHA	VACA	FILA	VAQUEIRO
FOTO	FACA	VILA	VOTO

HISTÓRIA EM QUADRINHOS

TODO MUNDO JÁ CONHECE A HISTÓRIA TRADICIONAL DOS TRÊS PORQUINHOS, NÃO É MESMO?

QUE TAL VOCÊ E MAIS TRÊS COLEGAS CONTAREM ESSA HISTÓRIA DE UM JEITO DIFERENTE?

VEJAM COMO A HISTÓRIA PODE COMEÇAR.

SUCULENTO: SABOROSO, DELICIOSO.

RAMOM M. SCHEIDEMANTEL. *NINGUÉM TEM MEDO DO LOBO MAU!* BLUMENAU: SONAR, 2012. P. 5.

PLANEJAMENTO

1. DECIDAM COMO A HISTÓRIA VAI CONTINUAR.

2. ESCREVAM JUNTOS O ROTEIRO DA HISTÓRIA.

3. COMBINEM QUEM VAI FAZER OS DESENHOS, QUEM VAI COLORIR AS CENAS E QUEM ESCREVERÁ O TEXTO DOS BALÕES.

ESCRITA

1. EM UMA FOLHA DE PAPEL, CRIEM A HISTÓRIA DESENHANDO EM PEQUENOS QUADROS. CADA QUADRO DEVE MOSTRAR UM MOMENTO DA HISTÓRIA.

2. VOCÊS PODEM FAZER CAIXAS DE LEGENDAS PARA GUIAR O LEITOR PELA HISTÓRIA.

3. USEM BALÕES DE PENSAMENTO E BALÕES DE DIÁLOGO COM AS HASTES APONTANDO PARA QUEM FALA.

4. USEM TAMBÉM ONOMATOPEIAS PARA REPRESENTAR OS SONS.

REVISÃO

1. O QUE PODERIA SER MELHORADO NA HISTÓRIA?

2. MOSTREM A HISTÓRIA AO PROFESSOR. ELE PODERÁ DAR ALGUMAS DICAS PARA MELHORÁ-LA.

3. PINTEM AS CENAS.

4. LEMBREM-SE DE DAR UM TÍTULO À HISTÓRIA.

SOCIALIZAÇÃO

TROQUEM A HISTÓRIA DE VOCÊS COM AS DE OUTROS GRUPOS. LEIAM O QUE OS COLEGAS ESCREVERAM.

ACOMPANHE A LEITURA DA FÁBULA.

A LEBRE E A TARTARUGA

A LEBRE SEMPRE ZOMBAVA DA TARTARUGA.
– COMO VOCÊ É LENTA! COMO ANDA DEVAGAR! OLHE PARA MIM: COM UM ÚNICO SALTO CHEGO MAIS LONGE DO QUE VOCÊ COM DEZ PASSOS!
E ELA REPETIA ISSO O TEMPO TODO.
UM DIA A TARTARUGA DISSE À LEBRE:
– NEM SEMPRE O MAIS RÁPIDO CHEGA PRIMEIRO.
– COMO ASSIM? – DISSE A LEBRE, RINDO. – ESTÁ QUERENDO DIZER QUE SE APOSTÁSSEMOS UMA CORRIDA VOCÊ CHEGARIA PRIMEIRO?
– ESTOU QUERENDO DIZER APENAS O QUE EU DISSE – REPLICOU A TARTARUGA. – VAMOS APOSTAR UMA CORRIDA E VER O QUE ACONTECE.
ASSIM DERAM A LARGADA. EM UM SEGUNDO A LEBRE JÁ ESTAVA LONGE. ENTÃO ELA PAROU, DIZENDO PARA SI MESMA:
– NÃO TEM GRAÇA GANHAR EM TÃO POUCO TEMPO. VOU PARAR E ESPERAR A TARTARUGA. QUERO DESFRUTAR MAIS O SABOR DA VITÓRIA.

DESFRUTAR: APRECIAR, APROVEITAR.
REPLICAR: EXPLICAR DE NOVO.
ZOMBAR: NÃO DAR VALOR OU IMPORTÂNCIA.

A LEBRE SENTOU-SE EMBAIXO DE UM ARBUSTO. ESPEROU UM TEMPÃO, E NADA DA TARTARUGA. POR FIM, DOMINADA PELO SONO, FECHOU OS OLHOS E ADORMECEU.

ENTÃO A TARTARUGA CHEGOU. DIMINUIU O PASSO PARA NÃO ACORDAR A LEBRE E CONTINUOU SEU CAMINHO. UM POUCO DEPOIS, A LEBRE ACORDOU COM O BARULHO DAS FOLHAS QUE BALANÇAVAM COM O VENTO. LEMBROU-SE DA CORRIDA, LEVANTOU-SE E SAIU CORRENDO A TODA PARA O PONTO DE CHEGADA. MAS A TARTARUGA TINHA CHEGADO PRIMEIRO.

– VOCÊ É MUITO MAIS VELOZ DO QUE EU – DISSE A TARTARUGA. – MAS, COMO PODE VER, QUEM FOI MAIS CONSTANTE É QUE VENCEU A CORRIDA.

FÁBULAS DE ESOPO. TRAD. SILVANA COBUCCI LEITE. SÃO PAULO: WMF MARTINS FONTES, 2011. P. 26.

CONSTANTE: PERSISTENTE, QUE MANTÉM O MESMO RITMO.

- QUEM SÃO AS PERSONAGENS DA HISTÓRIA?
- POR QUE A TARTARUGA DESAFIOU A LEBRE PARA UMA CORRIDA?
- O QUE ACONTECEU NO FINAL DA HISTÓRIA?

RETOMADA

1. OS PERSONAGENS TELÚRIA E MENDELÉVIO SÃO UM CASAL DE IRMÃOS CRIADOS PELO QUADRINISTA MINEIRO JOÃO MARCOS. LEIA A HISTÓRIA EM QUADRINHOS A SEGUIR PARA CONHECÊ-LOS.

JOÃO MARCOS. *HISTÓRIAS TÃO PEQUENAS DE NÓS DOIS: COM MENDELÉVIO E TELÚRIA.* BELO HORIZONTE: ABACATTE, 2011. P. 50.

A) RELEIA O TÍTULO DA HISTÓRIA.

- POR QUE A HISTÓRIA EM QUADRINHOS TEM ESSE TÍTULO?

_____

_____

- VOCÊ JÁ FICOU BANGUELA? CONTE AOS COLEGAS COMO FOI.

B) DE QUEM É A FALA EM TODOS OS QUADRINHOS DA HISTÓRIA?

_____

C) POR QUE NÃO HÁ FALAS DO OUTRO PERSONAGEM?

_____

_____

D) RELEIA O TERCEIRO QUADRINHO.

- **IMPLICAR** É O MESMO QUE:
  ☐ ZOMBAR.
  ☐ BRIGAR.
  ☐ CONVERSAR.

101

PERISCÓPIO

📖 PARA LER

CHAPEUZINHO VERMELHO EM QUADRINHOS, DE RAMOM M. SCHEIDEMANTEL. BLUMENAU: SONAR, 2012.
ACOMPANHE A CLÁSSICA HISTÓRIA DA MENINA DE CAPUZ VERMELHO QUE PRECISA VISITAR A VOVÓ E FUGIR DAS GARRAS DO LOBO MAU.

NINGUÉM TEM MEDO DO LOBO MAU!, DE RAMOM M. SCHEIDEMANTEL. BLUMENAU: SONAR, 2012.
O QUE SERÁ QUE ACONTECE NA FLORESTA? PARECE QUE O LOBO NÃO ASSUSTA MAIS NINGUÉM. LEIA ESSA E OUTRAS HISTÓRIAS CONTADAS DE UM JEITO UM POUQUINHO DIFERENTE DO QUE VOCÊ JÁ OUVIU.

O CÁGADO E A FRUTA, DE ROSINHA. SÃO PAULO: EDITORA DO BRASIL, 2014.
ESTA FÁBULA INDÍGENA CONTA A HISTÓRIA DE UMA FRUTA MUITO ESPECIAL, DESEJADA POR TODOS. NO ENTANTO, APENAS OS QUE SABEM SEU NOME PODEM COMÊ-LA. A FEITICEIRA É A ÚNICA DA FLORESTA QUE SABE O NOME DA FRUTA E NÃO AJUDA NINGUÉM. O CÁGADO VAI DECIFRAR O MISTÉRIO.

UNIDADE 4
MÃO NA MASSA

1. RECORTE DO **MATERIAL COMPLEMENTAR**, PÁGINA 251, AS IMAGENS DOS ALIMENTOS DE QUE VOCÊ MAIS GOSTA E COLE-AS DENTRO DA BANDEJA.

ANTES DE LER

1. LEIA O TEXTO A SEGUIR.

CABEÇA DE CACHORRO

1. DOBRE AO MEIO SOBRE A DIAGONAL.

2. DOBRE NOVAMENTE AO MEIO PARA FAZER UMA MARCA E DESDOBRE, TENDO CUIDADO PARA QUE O TRIÂNGULO FIQUE VOLTADO PARA BAIXO.

3. DOBRE AS DUAS PONTAS DE CIMA PARA BAIXO, COMO NA IMAGEM.

4. DOBRE A PONTA (QUE ESTIVER EM CIMA) DE BAIXO PARA CIMA.

5. DOBRE A PONTA DE BAIXO PARA CIMA OU PARA DENTRO.

6. DESENHE A CARINHA E PRONTO!

ILUSTRAÇÕES: CLAUDIA MARIANNO

DISPONÍVEL EM: <http://dicaspaisefilhos.com.br/diversao/brincadeiras/origami-dobraduras-de-papel-para-criancas/>. ACESSO EM: 13 ABR. 2017.

A) O QUE ESSE TEXTO ENSINA A FAZER?

B) VOCÊ ACHA QUE É IMPORTANTE SEGUIR AS INSTRUÇÕES NA SEQUÊNCIA NUMERADA?

C) VOCÊ CONHECE OUTROS TEXTOS QUE ENSINAM A FAZER ALGO?

LEITURA 1

VOCÊ JÁ COMEU MANDIOCA? E BIFE DE MANDIOCA?

LEIA O TÍTULO DA RECEITA A SEGUIR. QUAL É O PRINCIPAL INGREDIENTE DELA?

ACOMPANHE A LEITURA DO PROFESSOR.

BIFES DE MANDIOCA

INGREDIENTES:

- 2 XÍCARAS DE MANDIOCA COZIDA E MOÍDA
- 1/2 CEBOLA RALADA
- 2 COLHERES (SOPA) DE CEBOLINHA PICADA
- 1 OVO
- 2 COLHERES (SOPA) DE FARINHA DE TRIGO
- SAL E PIMENTA A GOSTO

PREPARO:

MISTURE TUDO MUITO BEM.

DIVIDA EM PEDAÇOS, FAÇA UMAS BOLAS, ACHATE-AS, DANDO-LHES A FORMA DE UM BIFINHO.

FRITE-OS EM ÓLEO QUENTE E PONHA PARA ESCORRER SOBRE UM GUARDANAPO DE PAPEL.

ATENÇÃO: PEÇA A UM ADULTO QUE O AJUDE A FAZER OS BIFINHOS E QUE ELE OS FRITE PARA VOCÊ.

ROSANE PAMPLONA. *ALMANAQUE PÉ DE PLANTA*.
SÃO PAULO: MODERNA, 2013. P. 49.

ESTUDO DO TEXTO

1. PARA QUE SERVE UMA RECEITA CULINÁRIA?

_____

_____

2. EM QUAIS PARTES A RECEITA QUE VOCÊ LEU ESTÁ ORGANIZADA?

_____

_____

3. COPIE O TÍTULO DA RECEITA.

_____

4. VOLTE À RECEITA E RELEIA A LISTA DE INGREDIENTES.
  A) COMO OS INGREDIENTES ESTÃO ORGANIZADOS?

_____

_____

  B) COMO A QUANTIDADE DE CADA INGREDIENTE É INDICADA?

  ☐ POR PESO.

  ☐ POR UNIDADE.

  ☐ POR UTENSÍLIO.

  C) O QUE SIGNIFICA A EXPRESSÃO **A GOSTO**?

_____

D) LIGUE O ALIMENTO A COMO SERÁ UTILIZADO.

MANDIOCA	PICADA
CEBOLA	COZIDA E MOÍDA
CEBOLINHA	RALADA

5. RESPONDA:
   A) NESSA RECEITA, A ORDEM DOS INGREDIENTES É IMPORTANTE? POR QUÊ?
   B) ESSA É UMA RECEITA DE ALIMENTO DOCE OU SALGADO? EXPLIQUE SUA RESPOSTA.
   C) O QUE A IMAGEM QUE ACOMPANHA A RECEITA MOSTRA?

6. RELEIA O PREPARO OBSERVANDO AS PALAVRAS DESTACADAS.

> MISTURE TUDO MUITO BEM.
> DIVIDA EM PEDAÇOS, FAÇA UMAS BOLAS, ACHATE-AS, DANDO-LHES A FORMA DE UM BIFINHO.
> FRITE-OS EM ÓLEO QUENTE E PONHA PARA ESCORRER SOBRE UM GUARDANAPO DE PAPEL.

A) O QUE AS PALAVRAS DESTACADAS INDICAM?

_____

_____

B) PARA ESSA RECEITA, SEGUIR A ORDEM INDICADA NO PREPARO É IMPORTANTE? POR QUÊ?

C) QUAIS PALAVRAS PODERIAM SER ESCRITAS NO LUGAR DE:

- MISTURE? _____

- DIVIDA? _____

- PONHA? _____

D) EM "MISTURE TUDO MUITO BEM", A PALAVRA **TUDO** SE REFERE A:

_____

_____

E) **ACHATE-AS** É O MESMO QUE:

☐ ACHATE A MASSA. ☐ ACHATE AS BOLAS.

F) **FRITE-OS** É O MESMO QUE:

☐ FRITE OS BIFINHOS. ☐ FRITE AS BOLAS.

7. RESPONDA:

A) QUE INGREDIENTE DO PREPARO NÃO ESTÁ NA LISTA?

_____

B) PARA QUEM VOCÊ ACHA QUE A RECEITA DE BIFES DE MANDIOCA FOI ESCRITA? JUSTIFIQUE SUA RESPOSTA.

_____

_____

_____

ESTUDO DA LÍNGUA

LETRA DE IMPRENSA E LETRA CURSIVA

1. OBSERVE A CAPA DO LIVRO.

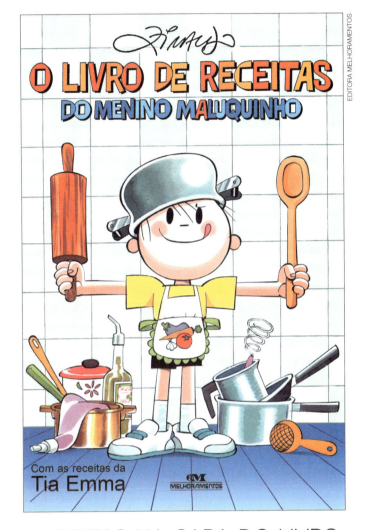

A) CIRCULE A PALAVRA **RECEITAS** NA CAPA DO LIVRO. ELA APARECE DUAS VEZES.

B) COMPARE AS PALAVRAS QUE VOCÊ CIRCULOU. O QUE MUDOU NA ESCRITA?

_____

_____

> AS LETRAS DO ALFABETO PODEM SER ESCRITAS DE DIFERENTES FORMAS GRÁFICAS: MAIÚSCULAS, MINÚSCULAS, DE IMPRENSA E CURSIVA.

2. OBSERVE O ALFABETO EM LETRA DE IMPRENSA E EM LETRA CURSIVA MAIÚSCULA E MINÚSCULA.

A a	B b	C c	D d
E e	F f	G g	H h
I i	J j	K k	L l
M m	N n	O o	P p

A) RECITE O ALFABETO NA ORDEM DAS LETRAS.
B) COPIE AS LETRAS CURSIVAS.
C) ESCREVA SEU NOME EM LETRA CURSIVA.

D) ESCREVA O NOME DO PROFESSOR EM LETRA CURSIVA.

Uso de letra inicial maiúscula

1. Leia este convite.

a) Circule o nome dessa convidada.

Luara   Luana   Lana   Luciana

b) Circule o nome de quem a convida.

Alexandro   Alessandro   Sandro   Alexandre

c) Os nomes foram escritos com letras maiúsculas ou minúsculas?

d) Você sabe explicar por que esses nomes foram escritos assim?

e) Além dos nomes, que outras palavras iniciam com letra maiúscula no convite?

> Nomes de pessoas, de ruas, de personagens começam sempre com letra maiúscula.
> Também usamos letra maiúscula no início das frases.

2. Observe as capas dos livros.

a) Leia o título dos livros.
b) Explique a diferença entre as palavras
   menino e Menino .
c) Circule o nome da menina escrito com o mesmo tipo de letra da capa do livro.

FLOR   Flora   Flor   for

3. Observe mais uma capa de livro.

a) O que você percebeu na escrita das palavras?
b) Quais palavras dessa capa deveriam ser escritas com letra inicial maiúscula? Por quê?

_____
_____
_____

113

Leitura 2

Você sabe o que é **broa**? Já comeu uma broa de milho?

Que ingrediente não pode faltar em uma receita de broa de milho?

Leia esta receita.

Broa de milho

Ingredientes

Massa:

- 1 colher (chá) de erva-doce
- 3 e ½ xícaras (chá) de farinha de trigo
- 1 pacote de fermento em pó (15 ou 20 g)
- 2 xícaras (chá) farinha de milho média
- 1 pitada de sal
- 1 xícara (chá) de açúcar
- 2 ovos
- 1 xícara (chá) de margarina

Preparo

1. Em uma batedeira, bata a margarina e o açúcar até obter um creme.
2. Sem parar de bater, acrescente os ovos, o sal e a erva-doce.

3. Acrescente à massa, alternadamente, a farinha de milho, a farinha de trigo e o fermento.

4. Unte com manteiga e polvilhe com farinha uma assadeira.

5. Faça as broas e leve ao forno preaquecido, em temperatura média (200 °C), por mais ou menos 30 minutos ou até dourar.

CyberCook. Disponível em: <https://cybercook.uol.com.br/receita-de-broa-de-milho-r-12-115146.html>. Acesso em: 25 jun. 2017.

Estudo do texto

1. Pinte a quantidade de farinha de trigo indicada na receita.

2. Por que há números:
   a) na lista de ingredientes da receita?
   _____
   _____

   b) no modo de preparo da receita?
   _____
   _____
   _____

3. Releia uma etapa do modo de preparo.

> 3. Acrescente à massa, alternadamente, a farinha de milho, a farinha de trigo e o fermento.

- **Alternadamente** significa que é preciso:

☐ ir colocando um pouco de cada ingrediente.

☐ misturar todos os ingredientes ao mesmo tempo.

4. Compare a receita "Bifes de mandioca" com a receita "Broa de milho".

a) Qual delas tem mais ingredientes?

_____

b) Em que refeições você comeria esses alimentos?

_____

c) Quais partes são comuns nas duas receitas?

_____

_____

d) O que você observou quanto ao tipo de letra usado em cada receita?

_____

_____

A receita culinária contém as instruções para a preparação de um prato. Ela geralmente é organizada em duas partes: **Ingredientes** e **Modo de fazer**. Às vezes nela há também uma lista de utensílios, a indicação do rendimento e o tempo de preparo do prato.

116

Uso de til e das letras M e N

1. Leia e escreva a resposta da adivinha.

Sou verdinho e muito azedo,
Viro suco no verão.
Sou tempero para peixe
E também pra camarão.
Eu sou primo da laranja
E me chamam de... _____

Fábio Sombra. *Mamão, melancia, tecido e poesia*.
São Paulo: Moderna, 2013. E-book.

2. Circule na adivinha as palavras escritas com til (~) e as leia.

  a) Agora leia novamente as palavras imaginando que elas foram escritas sem o til.

  b) Você percebeu diferença no som das palavras ao lê-las com til e sem til?

> O **til** (~) é um sinal gráfico usado sobre as vogais **a** e **o** para indicar que elas têm som nasal.

3. Leia outras palavras da adivinha.

| tempero | também | primo | laranja |

  a) Separe as sílabas dessas palavras.

  ☐ _____   ☐ _____

  ☐ _____   ☐ _____

117

b) Pinte os quadrinhos do item **a** de acordo com a legenda.

A letra **m** ou a letra **n** está no início da sílaba.

A letra **m** ou a letra **n** está no final da sílaba.

c) As letras **m** e **n** representam som nasal quando estão no início ou quando estão no final da sílaba?

_____

_____

> Vogais seguidas de **m** ou **n** na mesma sílaba têm som nasal.

4. Releia as palavras a seguir, retiradas das receitas apresentadas nesta unidade.

a) Separe as palavras em sílabas.

temperatura _____   ambiente _____

mandioca _____   pimenta _____

embalagem _____   descansar _____

enquanto _____   ingredientes _____

b) Circule de **azul** as sílabas que terminam com **m**.

c) Circule de **vermelho** as sílabas que terminam com **n**.

d) Quais letras aparecem imediatamente depois do **m** nessas palavras?

_____

_____

e) Quais letras aparecem imediatamente depois do **n** nessas palavras?

_____

f) Por que podemos ficar em dúvida na hora de escrever palavras com **m** e **n** antes de consoante?

g) O que devemos observar se ficarmos em dúvida na hora de escolher entre **m** e **n**?

5. Use **m** ou **n** e forme novas palavras. Leia em voz alta as palavras formadas.

tapa _____   mata _____

pote _____   lebre _____

mudo _____   lobo _____

sete _____   sobra _____

Jogo de palavras

Forme palavras com **m** ou **n** em final de sílaba usando as letras do quadro abaixo.

O E N P T R M A C S

Atenção

Não vale acrescentar nem substituir letras.

_____

_____

_____

119

Receita

Reúna-se com alguns colegas e formem um grupo.

Cada grupo deve escolher o tipo de receita que vai produzir para compor o **Livro de receitas da turma**.

Algumas sugestões:

- receitas rápidas;
- receitas fáceis;
- receitas saudáveis;
- receitas doces;
- receitas salgadas;
- receitas refrescantes.

Planejamento e escrita

Pesquise com pessoas conhecidas alguma receita do tipo escolhido por seu grupo.

Com a ajuda dessas pessoas escreva uma ou duas receitas no caderno. Capriche na letra para que os colegas consigam ler o que você escreveu.

Se preferir, procure receitas em livros, revistas, jornais, embalagens de produtos, *sites* ou assista a programas de culinária na televisão.

A escolha

Leia as receitas para os colegas de seu grupo.

Escolham pelo menos uma receita de cada integrante do grupo para fazer parte do livro.

Verifiquem se a receita combina com o tipo de livro escolhido pelo grupo: se seu grupo decidiu fazer um livro de receitas fáceis, é preciso confirmar se todas as receitas selecionadas são mesmo fáceis de preparar.

Revisão e reescrita

Avaliem cada receita respondendo às perguntas que o professor vai fazer.

Façam as modificações necessárias e mostrem as receitas ao professor. Ele poderá sugerir mais alterações nos textos. Passe sua receita a limpo em uma folha de papel sulfite. Capriche na letra.

Montagem do livro

Juntem e numerem as folhas começando pelo número 3.

Preparem uma capa com o título do livro de receitas e uma ilustração.

Depois da capa, coloquem uma página com o nome dos integrantes do grupo. No verso dessa página, façam o sumário: uma lista com todos os títulos das receitas e o número da página onde elas se encontram.

Reúnam e grampeiem as páginas para formar o livro.

Socialização

Mostrem o livro de vocês a outros grupos.

Depois, um de cada vez poderá levar o livro para casa e preparar uma das receitas com a ajuda dos familiares.

Apresentação de receita

Você já assistiu a algum programa de televisão que ensina a preparar alimentos?

Crianças preparando alimentos.

Procure na internet vídeos de crianças ensinando a preparar uma receita.

Observe como é o cenário, de que modo os apresentadores se vestem, quais acessórios e utensílios são mostrados, como organizam os ingredientes e como falam.

Você e seu grupo (o mesmo da atividade anterior) vão preparar na escola uma das receitas do **Livro de receitas da turma**, imaginando que estão em um programa de televisão.

Os colegas da turma serão os espectadores.

Preparação

Decidam quais ingredientes e utensílios cada um deve providenciar.

Verifiquem qual é o melhor local da escola para preparar a receita.

Dividam as tarefas:

- um aluno apresentará o título da receita e lerá a lista de ingredientes;
- outro aluno lerá o modo de preparo;
- outro poderá demonstrar como prepará-la.

Combinem com o professor caso tenham de: cortar, descascar e picar alimentos; usar o fogão, o forno, o micro-ondas, o liquidificador, a batedeira.

Se possível, ensaiem o preparo da receita em casa, antes de fazê-lo na escola.

Apresentação

É importante ensinar detalhadamente cada etapa do preparo aos colegas. Por isso, o aluno responsável por essa tarefa deve falar em voz alta e clara.

Outra leitura

Você sabe como surgiu o milho?

Acompanhe a leitura de uma lenda que conta a origem desse alimento.

A lenda do milho

Segundo uma lenda Pareci, o primeiro grande chefe desse povo, cujo nome era Ainotarê, sabendo que ia morrer, chamou seu filho Kaleitoê e disse:

– Vou morrer e ordeno-lhe que me enterre no meio da roça.

Ainotarê morreu e seu filho o enterrou no lugar em que ele havia pedido.

Passados três dias do enterro do velho chefe, brotou de sua cova uma nova planta, diferente das que eles conheciam, que depois de algum tempo rebentou em sementes.

Ainotarê também havia falado que não deviam comer as primeiras sementes e, sim, guardá-las para as replantarem. Com isso, a tribo teria um novo e precioso alimento.

Os conselhos de Ainotarê foram seguidos e, assim, o povo Pareci passou a usar o milho para a sua alimentação.

Antoracy Tortorelo Araujo. *Lendas indígenas*. São Paulo: Editora do Brasil, 2014. p. 6.

Rebentar: brotar.

- Observe a imagem que acompanha o texto. O que ela mostra?
- Conte com suas palavras como a lenda explica a origem do milho.

Estudo da língua

Parágrafo

1. Releia:

> Ainotarê também havia falado que não deviam comer as primeiras sementes e, sim, guardá-las para as replantarem. Com isso, a tribo teria um novo e precioso alimento.
>
> Os conselhos de Ainotarê foram seguidos e, assim, o povo Pareci passou a usar o milho para a sua alimentação.

a) Pinte os espaços que existem no início de cada parte do texto.

b) Você sabe explicar por que esses espaços aparecem no texto?

c) Você sabe como se chamam esses espaços?

> Cada parte em que se organiza o texto recebe o nome de **parágrafo**.
> O parágrafo é marcado pelo espaço em branco entre a margem esquerda e o início do texto.

d) Quantos parágrafos da lenda foram reproduzidos acima?

e) Com que tipo de letra os parágrafos se iniciam: maiúscula ou minúscula?

125

Retomada

1. Veja a receita a seguir.

- 3 cenouras
- Peça a um adulto que descasque as cenouras e corte-as em pedaços pequenos.

Modo de preparo:

Suco de laranja com cenoura

- 1 copo de suco de laranja
- Acrescente as cenouras ao suco de laranja e bata tudo no liquidificador.

Ingredientes:

- O que você percebeu?
- Como você acha que o texto deve ser organizado? Reescreva a receita.

_____
_____
_____
_____
_____
_____
_____

2. Acompanhe a leitura do texto a seguir.

> ele chegou à casa dos novos donos no mês de fevereiro, véspera de carnaval. tinha dois meses de idade. o dono da casa colocou-o sobre a mesa para vê-lo melhor e ele começou a pular. alguém disse:
>
> – parece que está dançando, vejam!
>
> então ficou com o nome de samba; todos os rádios tocavam sambas esse ano.
>
> [...]

Maria José Dupret. *O cachorrinho Samba*. São Paulo: Ática, 2015. p. 7.

a) Quem chegou à casa dos novos donos?

_____

_____

b) O que você percebeu na escrita das palavras desse texto?

c) Reúna-se a um colega para fazer uma revisão do texto. Juntos, passem um traço sobre as letras que precisam ser corrigidas e escrevam logo acima a forma correta.

d) Explique por que o nome do personagem da história é escrito com a letra **m**.

_____

Construir um mundo melhor

Chega de desperdício!

Você sabe o que é desperdício?

Leia o anúncio da campanha pela separação do lixo promovida pelo Governo Federal em 2011.

- Você e as pessoas da sua família separam o lixo úmido do seco?
- De acordo com o anúncio, por que é importante separar o lixo?

O que você faz com a casca depois de comer uma banana?

Você sabia que podemos aproveitar a casca da banana para fazer pão, bolo, doce, geleia e muitos outros alimentos?

Bolo de casca de banana.

Que tal pesquisar receitas que reaproveitam alimentos?

Além da banana, outros alimentos que costumam ir para o lixo também podem ser aproveitados, como:

- folhas de cenoura, beterraba, batata-doce, nabo, couve-flor, abóbora, mostarda, hortelã e rabanete;
- cascas de batata-inglesa, tangerina, laranja, mamão, pepino, maçã, abacaxi, berinjela, beterraba, melão, maracujá, goiaba, manga, abóbora;
- talos de couve-flor, brócolis, beterraba;
- entrecascas de melancia e maracujá;
- sementes de abóbora, melão, jaca;
- pão amanhecido.

Pesquise uma receita que utilize restos de frutas, folhas, talos e cascas de alimentos para o preparo de salgados ou doces.

Você pode consultar *sites* da internet, falar com pessoas de sua convivência ou procurar em livros de receitas.

Organize com os colegas o mural **Chega de desperdício**. Compartilhe as receitas que você pesquisou.

Periscópio

📖 Para ler

Abecedário de aromas – cozinhando com tempero e poesia, de César Obeid. São Paulo: Editora do Brasil, 2017.
Devido à facilidade, a tentação de consumir a comida industrializada é enorme. Por meio de poemas divertidos e ilustrações coloridas, esse livro oferece ao leitor alternativas, como temperos, chás e especiarias, que tornam os alimentos mais apetitosos e saudáveis.

Na cozinha da Rebeca: aventuras culinárias para crianças extraordinárias, de Rebeca Chamma. São Paulo: Alaúde, 2011.
A *chef* Rebeca apresenta 30 receitas de dar água na boca. O livro é todo ilustrado e traz dicas de nutricionistas. Que tal se arriscar a preparar uma das receitas?

Poemas e comidinhas, de Roseana Murray. São Paulo: Paulus, 2008.
Nesse livro há receitas muito especiais, como salada arco-íris, pudim de nuvens, bruxarias de goiaba e sanduíches lunares, entre outros.

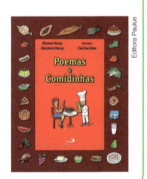

UNIDADE 5
Diversos versos

1. Numere os itens de acordo com a rima.

- **1** Rima com **coração**.
- **2** Rima com **amor**.
- **3** Rima com **sapato**.
- **4** Rima com **mola**.

Jogo das rimas

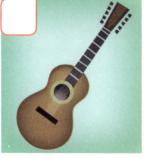

Antes de ler

1. Leia os textos a seguir.

Texto 1

Um carteiro chegou à casa da dona Filó para entregar uma carta e viu uma placa dizendo:

CUIDADO COM O PAPAGAIO!

– Só pode ser gozação. Quem vai ter medo de um papagaio?
Então, o carteiro entrou no quintal para deixar a carta. Foi quando o papagaio gritou.
– Pega, Rex! Pega, Rex!

Paulo Tadeu. *Proibido para maiores: as melhores piadas para crianças*. São Paulo: Matrix, 2007. p. 22.

Texto 2

Um elefante

Um elefante que faz um ninho
Canta, tem asas e um biquinho.
Um elefante que voar
Adora, livre no ar,
Um elefante é – ou passarinho?

Sérgio Capparelli. *Tigres no quintal*. São Paulo: Global, 2014. E-book.

a) Qual dos textos acima é um poema?
b) O que você observou para responder?
c) E o outro texto, você sabe o que é?

Pesquise um poema para ler aos colegas no final desta unidade.

132

Leitura 1

O poema que você lerá foi publicado neste livro:

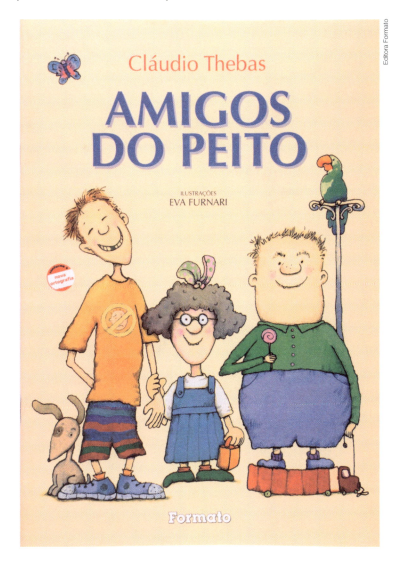

- Qual é o nome do autor?
- Qual é o nome da ilustradora?
- Que editora publicou o livro?
- Qual é o título do livro?
- O que é um amigo do peito? Você tem um?
- O título do poema a seguir é "Casa da vovó". O que será que acontece na casa da vovó?

133

Casa da vovó

Se a pedra
não é pedra,
ou se a pedra
não é nada,
esta pedra disfarçada
o que ela é, então?
Uma pedra pode ser
só pedregulho
ou também
– e que barulho! –
pode ser um avião...

Se a panela
da cozinha
de uma casa
não tem cabo
mas tem asa,
se transforma
num condor.
E se eu bato
no bumbum
desta panela,
num instante
viro índio
e ela vira
meu tambor...

Condor: ave da família dos urubus que tem penas pretas, com um colar branco e manchas também brancas na parte inferior das asas.

E a corda
que inda ontem
era serpente
agora há pouco,
e de repente,
ficou sendo um cipó...

Pois um dia
nunca é
igual ao outro,
e tudo isso –
quem diria? –
no quintal
da minha vó...

Cláudio Thebas. *Amigos do peito*. São Paulo: Formato Editorial, 2009. p. 24-25.

SOBRE O AUTOR

Cláudio Thebas nasceu em São Paulo, em 1964. Além de escritor, é educador, palestrante, publicitário e palhaço. Os temas de seus livros são o relacionamento e a convivência entre as pessoas.

Estudo do texto

1. Encontre no poema o nome de cada imagem a seguir e escreva-o.

_____   _____   _____

2. Nesse poema, as palavras mexem com a imaginação do leitor. De acordo com o texto, o que uma pedra pode representar no jogo da imaginação?

_____

_____

3. O autor do poema relacionou um condor a uma panela com asas.

- Em sua opinião, qual destas panelas poderia ser, na imaginação, um condor? Pinte-a.

136

4. Escolha e sublinhe no poema os versos que comprovam que a imaginação está à solta.

5. A voz que "fala" no poema é de:

☐ Claudio Thebas, autor do poema.

☐ uma criança que gosta de brincar na casa de sua avó.

6. Nesse texto, o autor usou a voz de uma criança para falar de brincadeiras infantis. Qual é a principal mensagem do poema? Converse com o professor e os colegas sobre as alternativas a seguir e, depois, marque sua escolha.

☐ É bom brincar.

☐ É possível transformar os objetos em outras coisas.

☐ Ter quintal é legal.

☐ Na casa da avó a imaginação corre solta, tudo pode acontecer.

7. Volte ao poema e circule as palavras que rimam. Depois copie-as.

_____

_____

_____

> Cada linha do poema é um **verso**.
> Um conjunto de versos forma uma **estrofe**.
> Os versos rimam quando terminam com sons finais iguais ou semelhantes. Os poemas podem ou não ter rimas.

Estudo da língua

Masculino e feminino

1. Observe a capa deste livro e leia o título.

   a) Circule as palavras do título que estão no feminino.

   b) Como seria o título se o personagem fosse um vovô?

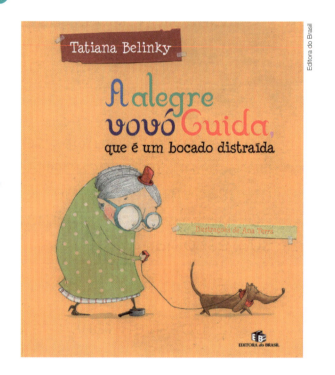

_____
_____
_____

   c) O que foi preciso fazer para escrever as palavras no masculino?

_____
_____

> Nomes de pessoas, objetos e animais podem ser masculinos ou femininos.
>
> Para saber se a palavra é masculina ou feminina, podemos colocar **o** ou **a** antes dela: **o** vovô, **a** vovó.

2. Escolha palavras do quadro para escrever antes de cada item.

> a   as   o   os   um   uma   uns   umas

a) _____ dia

b) _____ dentadura

c) _____ gatos

d) _____ geladeiras

e) _____ queijo

f) _____ tigela

3. Leia o poema.

Quando eu era pequenina
em dúvida entre *ir* ou *vir*,
minha avó sempre dizia:
– Faz o que teu coração pedir.

Marta Lagarta. *Abraço de pelúcia e mais poemas.*
Belo Horizonte: Autêntica, 2010. p. 22.

a) A voz que fala no poema é de uma menina ou de um menino?

_____

b) Que palavra você observou para responder?

_____

c) Reescreva os versos passando o que for possível para o masculino.

_____

_____

_____

_____

139

Giramundo

Estatuto do Idoso

1. Acompanhe a leitura de um texto que fala dos direitos garantidos às pessoas idosas.

Saúde

[...]

O idoso internado ou em observação em qualquer unidade de saúde tem direito a acompanhante, pelo tempo determinado pelo profissional de saúde que o atende.

Transportes coletivos

Os maiores de 65 anos têm direito ao transporte coletivo público gratuito. [...]

Violência e abandono

Nenhum idoso poderá ser objeto de negligência, discriminação, violência, crueldade ou opressão.

[...]

> **Negligência:** falta de cuidado.
> **Opressão:** humilhação, constrangimento.

Lazer, cultura e esporte

Todo idoso tem direito a 50% de desconto em atividades de cultura, esporte e lazer.

[...]

Idosos praticando atividade física.

140

Todo idoso tem direito a...

... ter um lar, uma família e se sentir protegido.

Ter alguém com quem possa dividir os seus segredos...

Receber muito carinho, muitos beijinhos e um tantão de abraços!

[...]

Avós brincando com netos.

Malô Carvalho. *Gente de muitos anos*. Belo Horizonte: Autêntica, 2012. p. 7-10 e 31-33. E-book.

a) Que outros direitos vocês acham que os idosos devem ter?

_____

_____

_____

b) E as crianças, vocês conhecem os direitos delas? Escrevam dois deles.

_____

_____

_____

Leia o título do poema. Em sua opinião, este texto é sobre o quê? Acompanhe a leitura do professor.

Caminho do coração

Era uma vez um peixinho dourado
já desbotado de tanta saudade.

Durante seu nado
tonto e solitário,
sonhava oceanos
distantes do aquário.

Lembrava da fauna,
da flora marinha,
sempre a imaginar
corais e conchinhas.

Ah! isto o peixinho
sabia fazer:
sonhar, calcular,
sem adormecer.

Bolou muitos planos,
mas não adiantava.
Somente pensar
não mudava nada.

O tempo passando,
e ele a desbotar,
sempre reclamando
demais e demais...

Até que um dia a bendita tristura
amoleceu a armadura de escamas.

Daí o peixinho,
sem pálpebras mesmo,
fechou os olhinhos,
danou a chorar.

As lágrimas, tantas,
vazaram do aquário,
pingaram no armário,
formando um caminho.

Peixinho pulava
– esforço profundo –
de lágrima em lágrima,

de
   lá
      gri
         ma
           em
             lá
                gri
                   ma
                      de
                         lá...

E graças ao vento
e ao seu sentimento,
Peixinho afinal
voltou para o mar!

Nesse mesmo dia,
uma constelação de conchas douradas
piscapiscou sob as águas
até depois e depois.

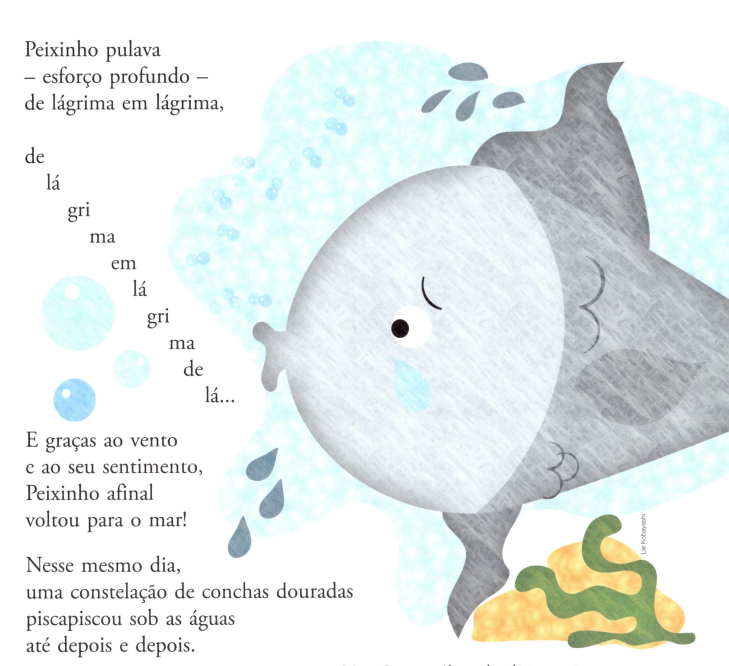

Marta Lagarta. *Abraço de pelúcia e mais poemas*.
Belo Horizonte: Autêntica, 2010. p. 23-24.

⭐ SOBRE A AUTORA

Marta Lagarta nasceu no Rio de Janeiro em 1958. Ela gosta de trabalhar com crianças, contar histórias recheadas de emoção e magia. No livro *Abraço de pelúcia e mais poemas* há poemas para brincar, pensar, sentir e imaginar.

Estudo do texto

1. Relacione as colunas.

1	desbotado		inventou, criou
2	fauna		piscou várias vezes
3	flora		começou
4	bolou		vida animal
5	tristura		conjunto de estrelas
6	armadura		pálido, sem cor
7	danou		vida vegetal
8	vazaram		tristeza
9	constelação		foram para fora, saíram
10	piscapiscou		cobertura

2. Copie o título do poema.

   _____

   • Por que você acha que esse título foi escolhido?

   _____

   _____

   _____

   _____

3. Converse com os colegas sobre a história contada em versos.

    a) Do que o peixinho sentia saudade?

    b) Por que o peixinho bolava muitos planos?

    c) O peixinho conseguiu o que queria? O que ele fez?

4. Há rimas no poema? Justifique sua resposta.

_____

_____

_____

5. Releia estes versos.

> Durante seu nado tonto e solitário, sonhava oceanos distantes do aquário.

- Por que o nado do peixinho era "tonto e solitário"?

_____

_____

6. Releia esta estrofe.

> Nesse mesmo dia,
> uma constelação de conchas douradas
> piscapiscou sob as águas
> até depois e depois.

- O último verso indica que as conchas douradas piscaram:

    ☐ por um longo tempo.

    ☐ por pouco tempo.

7. Em sua opinião, lemos poemas do mesmo jeito que lemos uma história? Por quê?

145

Palavras com H, CH, LH, NH

1. Você toma banho antes de dormir? Leia o que o hipopótamo deste poema faz.

Minha cama

Um hipopótamo na banheira
Molha sempre a casa inteira.

A água cai e se espalha,
Molha o chão e a toalha.

E o hipopótamo: nem ligo,
Estou lavando o umbigo.

Lava, lava, nunca sossega,
Esfrega, esfrega e esfrega

A orelha, o peito, o nariz
E as costas das mãos, e diz:

Agora vou dormir na lama
Pois é lá a minha cama!

Sérgio Capparelli. *Tigres no quintal*. São Paulo: Global, 2014. E-book.

a) Será que o hipopótamo precisa se lavar tanto durante o banho? Por quê?

b) Circule no poema as palavras que terminam com o mesmo som.

2. Escreva o nome do animal mostrado na fotografia.

a) Leia em voz alta a palavra que você escreveu.

b) Separe as sílabas dessa palavra.

c) Qual é o som da sílaba inicial?

3. Procure em jornais ou revistas mais três palavras escritas com **h** inicial e copie-as.

_____   _____   _____

a) Leia para os colegas as palavras que você encontrou.

b) Escreva três palavras iniciadas com **h** que você ouviu dos colegas.

_____   _____   _____

c) Como é o som da letra **h** no início das palavras?

4. Complete o quadro com palavras do poema "Minha cama" escritas com:

ch	
nh	
lh	

• Quais letras aparecem antes do **h** nessas palavras?

_____

147

5. Releia estes versos.

> Agora vou dormir na lama
> Pois é lá a minha cama!

a) Acrescente a letra **h** na palavra **lama** e forme o nome do animal da fotografia.

_____

b) Acrescente a letra **h** na palavra **cama** e forme outra palavra.

_____

c) Tire a letra **h** da palavra **minha** e forme outra palavra.

_____

6. Reescreva novas palavras acrescentando a letra **h**.

vela _____   sono _____

caco _____   bola _____

cão _____   mana _____

sena _____   lance _____

7. O que acontece com as letras **l**, **c** e **n** quando aparecem seguidas da letra **h**?

_____

148

8. Escreva o nome do que você vê nas imagens colocando cada sílaba em um quadrinho.

- As letras **nh**, **lh** e **ch** ficam:

  ☐ juntas na mesma sílaba.

  ☐ em sílabas separadas.

Oralidade

Leitura expressiva

Chegou a hora de apresentar aos colegas o poema que você pesquisou.

É importante fazer uma boa leitura do poema em voz alta ou memorizá-lo para recitar sem ler.

Siga estes passos.

1. Tire suas dúvidas sobre o sentido do texto que será lido.
2. Treine a leitura várias vezes.
3. Observe os sinais de pontuação do texto, se houver, para dar a cada verso a entonação adequada.
4. Perceba a sonoridade do poema e leia-o de acordo com o ritmo do texto.
5. Preste atenção a seu tom de voz, sua postura e seus gestos.

Produção de texto

Poema

Agora é sua vez de escrever versos.
Leia o poema a seguir.

Rimas malucas

Cada Macaco,
com o seu caco.

Cada Galinha,
com a sua linha.

Cada Marreco,
com o seu eco.

Cada Elefante,
com o seu turbante.

Cada Leão,
com o seu jubão.
[...]

Elias José. *Bicho que te quero livre*. Ilustrações de Ana Raquel. 2. ed. São Paulo: Moderna, 2002. (Coleção Girassol). p. 16.

Converse com os colegas e o professor sobre o poema "Rimas malucas".

- Quais palavras se repetem em todas as estrofes?
- Há rimas? Quais?
- Por que no segundo verso está escrito "o seu" e no quarto verso está "a sua"?

151

Planejamento

Forme dupla com um colega.

Pensem em alguns animais e em palavras que rimam com o nome desses animais.

Escrevam no quadro o que vocês pensaram.

Nome do animal	Palavra que rima com ele

Vamos criar outras estrofes para o poema "Rimas malucas". Respondam:

1. Com que palavra vocês vão começar o primeiro verso?

   _____

2. Que palavra vocês escreverão logo depois?

   _____

3. Como vocês vão começar o segundo verso?

   _____

152

Escrita

Criem rimas malucas usando as palavras do quadro.

_____

_____

_____

_____

_____

_____

_____

_____

_____

_____

_____

_____

_____

Avaliação e revisão

Conversem sobre o poema que vocês escreveram. Corrijam o que for necessário.

- O texto está em versos?
- Os versos estão organizados em estrofes?
- Há espaço entre as estrofes?
- Cada estrofe do poema tem dois versos?
- Todas as estrofes começam sempre do mesmo jeito?
- As palavras finais de cada estrofe rimam?
- O primeiro verso tem apenas duas palavras?
- O segundo verso tem quatro palavras?
- Vocês usaram "o seu" e "a sua" corretamente?

Socialização

Leiam o poema para o professor e os colegas.

Que tal recitar o poema para alunos de outras turmas?

Outra leitura

Você já ouviu falar em haicai? E em limerique?

> **Haicai** é um poema de origem japonesa composto de três versos que brincam com as palavras. Geralmente dois versos são mais curtos e um é mais longo.
>
> **Limerique** é um poema composto de cinco versos. Costuma ser engraçado e, às vezes, sem sentido.

Leia os textos a seguir.

Haicais

'Tou contigo!
Tem nada melhor no mundo
do que um amigo.

Mãe, posso pedir?
Me conta mais uma história
pra eu dormir!

Mãe é sabida.
Ela avisa na tristeza:
"Assim é a vida!"

Que não seja duro
ter um belo passado
no meu futuro.

Ziraldo. *O pequeno livro de hai-kais do Menino Maluquinho*.
São Paulo: Melhoramentos, 2013. E-book.

- De que haicai você gostou mais? Por quê?
- Há rimas nesses textos? O que você percebeu?
- Que temas são apresentados?

154

Limeriques

Já farta da tevê em cores,
Dolores convida a Das Dores:
– Topas papear
À luz do luar?
Resposta: Já topei, Dolores!

A Lica, garota sapeca,
Da Leca arrancou a boneca,
Correu, tropeçou,
E pimba! tombou,
Aos berros: – Ajuda-me, Leca!

Detesto, odeio barata!
Tão feia, nojenta, tão chata,
E tão bigoduda,
Voadora, cascuda!
Que medo – ui, ui! – de barata!

Tatiana Belinky. *O livro dos disparates: com os limeriques da Tatiana.*
São Paulo: Saraiva, 2001. p. 10, 13 e 22.

- De qual limerique você gostou mais? Por quê?
- Como é a rima nos limeriques?

1. Escute a leitura do poema a seguir.

Vaca amarela

Vaca amarela
Fez cocô na panela,
Cabrito mexeu, mexeu,
Quem falar primeiro
Comeu o cocô dela.

Vaca amarela,
Sutiã de flanela,
Cabrito coseu, coseu,
Quem falar primeiro
Pôs o sutiã dela.

Vaca amarela
Fez xixi na gamela,
Cabrito mexeu, mexeu,
Quem rir primeiro
Bebeu o xixi dela.

Vaca amarela
Cuspiu da janela,
Cabrito mexeu, mexeu,
Quem piscar primeiro
Lambeu o cuspe dela.

Ilustrações: Clara Gavilan

Sérgio Capparelli. *111 poemas para crianças*. Porto Alegre: L&PM, 2009. p. 94.

2. Pinte **sim** ou **não**.

a) A palavra "vaca" aparece sempre no primeiro verso de cada estrofe? Sim. Não.

b) As estrofes têm a mesma quantidade de versos? Sim. Não.

c) As palavras finais do primeiro, do segundo e do último verso de cada estrofe sempre rimam? Sim. Não.

d) No poema "Vaca amarela", a ordem das estrofes é importante? Sim. Não.

3. Circule no poema as palavras que rimam com **amarela**.

4. Complete as frases com palavras escritas com **lh**, **ch** ou **nh**.

a) Adoro fazer _____ de sabão!

b) Ontem lavamos o _____ da cozinha.

c) Lucas trouxe sanduíche para a hora do _____.

d) Mariana teve um _____ muito engraçado.

5. Reescreva as palavras retirando a letra **h**.

malha _____   tacho _____

bicho _____   ficha _____

pinho _____   choro _____

filha _____   penha _____

6. Escreva o nome das figuras.

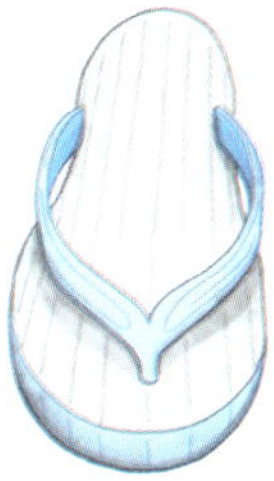

Ilustrações: Francis Ortolani

_____   _____   _____

_____   _____   _____

Periscópio

📖 Para ler

A alegre vovó Guida, que é um bocado distraída, de Tatiana Belinky. São Paulo: Editora do Brasil, 2010.
Essa vovó é mesmo muito distraída: troca tudo de lugar, faz uma confusão danada com os objetos, esquece e mistura um monte de coisas. Nesse livro, recheado com a divertida poesia de Tatiana Belinky e as engraçadas ilustrações de Ana Terra, conheça a carismática vovó que só não se esquece de uma coisa: conquistar a todos com seu jeitinho todo atrapalhado.

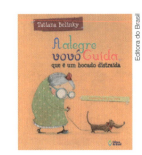

Antologia ilustrada da poesia brasileira: para crianças de qualquer idade, organizada por Adriana Calcanhoto. Rio de Janeiro: Edições de Janeiro, 2014.
O livro é uma reunião de grandes nomes da poesia: Vinicius de Moraes, Cecília Meireles e outros. Gente que faz muita poesia e encanta pessoas de todas as idades.

Ponto de tecer poesia, de Sylvia Orthof. São Paulo: FTD, 2010.
Nesse livro há 25 poemas bem ilustrados e feitos para encantar. As ilustrações são delicados bordados.

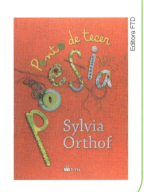

UNIDADE 6

Para conviver bem

1. Consiga dois dados e convide um colega para brincar. O professor vai ensinar como se brinca.

O que uma criança de 7 anos pode ou não fazer?	2 Colocar os pés no sofá na casa de um amigo? 	3 Colecionar figurinhas sem a ajuda dos adultos? 
4 Arrotar quando estiver comendo? 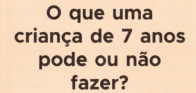	5 Usar o computador sozinha? 	6 Falar alto na biblioteca da escola? 
7 Emprestar a outra pessoa algo que não é dela? 	8 Dormir até mais tarde nos finais de semana? 	9 Fazer o dever de casa sozinha? 
10 Descer a escada rolante sentada? 	11 Escolher os livros que quer ler? 	12 Andar na rua sozinha? 

Ilustrações: Rodrigo Arraya

Antes de ler

Riki e Gabi são personagens de uma coleção de livros que apresenta boas ideias para melhorar o convívio entre as pessoas.

Conheça dois trechos desses livros.

Na casa da Vovó, Riki pegou todos os biscoitos da mesa para comer. Os biscoitos eram da vovó.

"Hum! Que delícia de biscoitos! Tem mais?", falou Riki.

A mamãe de Riki ficou envergonhada.

[...]

Roberto Belli. *Riki diz desculpe-me*. Blumenau: Todolivro, 2011. E-book.

Chegou o dia do aniversário de Riki.

"Oba! Eu vou ganhar muitos presentes!", disse Riki.

Tia Lontrinha deu um lindo par de patins para Riki. E Riki pegou o par de patins e foi brincar. Será que não faltou alguma coisa?

[...]

Roberto Belli. *Riki diz obrigado!* Blumenau: Todolivro, 2011. E-book.

1. Converse com os colegas.
    a) O que Riki precisa aprender para conviver bem com as pessoas?
    b) Você se considera uma criança bem-educada? O que faz para demonstrar isso?

160

Leitura 1

Os textos que você lerá a seguir apresentam algumas regras que precisamos praticar no elevador, na escada rolante, no ônibus, no cinema.

Você conhece alguma regra para uso desses lugares?

Lugares públicos

Ao usar o elevador, aguarde sempre que as pessoas saiam para que você entre. Os jovens deixam os mais velhos irem à frente. Se estiver muito cheio, peça a quem está mais perto do mostrador:

– Por favor, pode apertar no botão do nono andar? Obrigado.

[...]

No *shopping*, ao usar a escada rolante, não pare muito perto de quem estiver à sua frente. E mantenha-se à direita, dando passagem ao mais apressado. Nas escadarias comuns, correrias e brincadeiras podem machucar outras pessoas, principalmente os mais velhos.

[...]

No ônibus, se uma senhora de idade ou uma grávida estiver de pé, levante-se e ceda seu lugar. [...]

No cinema e no teatro

Um espetáculo já começa em casa, quando a gente está se preparando. Veja no jornal o nome dos artistas e algumas informações para ficar ainda mais curioso. No cinema, diante da fila onde quer ficar, peça licença para passar junto das cadeiras ocupadas até encontrar seu lugar. E, por favor, não coloque os pés ou os joelhos no encosto da cadeira da frente.

Faça os comentários sobre o filme em voz baixa. Barulho de papel também perturba. Por isso, aproveite um momento de risos ou aplausos do público para tirar a bala do pacotinho.

No teatro, é a mesma coisa. Espectadores que falam alto, levantam e caminham atrapalham a apresentação [...].

Celia Ribeiro. *Etiqueta na prática para crianças*. Porto Alegre: L&PM, 2011. E-book.

⭐ SOBRE A AUTORA

Celia Ribeiro nasceu em 1929, em Porto Alegre, Rio Grande do Sul. Ela é escritora e jornalista. Já trabalhou para jornais, revistas, TV e rádio. Escreveu uma série de dez livros sobre etiqueta. No livro *Etiqueta na prática para crianças* há algumas regras básicas para o bom convívio entre as pessoas.

Estudo do texto

1. Leia uma placa que costuma ser colocada em alguns assentos de transportes públicos.

Que palavra ou expressão foi usada no quarto parágrafo da **Leitura 1** para se referir a uma:

a) idosa?

_____

b) gestante?

_____

2. Releia:

[...] levante-se e ceda seu lugar.

- Ceder o lugar é o mesmo que:

  ☐ convidar alguém para sentar-se a seu lado.

  ☐ dar o lugar para outra pessoa sentar.

  ☐ trocar de lugar com outra pessoa.

3. Marque a resposta correta com **X**.

a) Os textos das páginas 161 e 162 foram escritos para:

☐ crianças. ☐ adultos.

b) Os textos têm a finalidade de:

☐ apresentar os lugares públicos da cidade.

☐ convidar as pessoas a assistir a filmes e espetáculos.

☐ orientar o comportamento das crianças em determinados lugares públicos.

4. Pinte o sinal para indicar o que é certo (👍) e o que é errado (👎) ao usar o elevador.

a) 👍 👎 Entre no elevador antes que as pessoas saiam dele.

b) 👍 👎 Espere as pessoas saírem do elevador para depois entrar nele.

c) 👍 👎 Deixe os mais velhos entrarem primeiro.

d) 👍 👎 Entre antes dos mais velhos.

e) 👍 👎 Tente apertar o botão de seu andar, mesmo que o elevador esteja muito cheio.

f) 👍 👎 Peça a alguém que aperte o botão do andar para você e agradeça.

5. Que outras informações importantes sobre o uso do elevador você acrescentaria ao texto?

👍 _____

👍 _____

👍 _____

164

6. Observe a imagem e leia o aviso.

- Copie o texto. Ele é uma regra que se refere ao uso de escadas rolantes.

_____

_____

7. Complete a lista com as recomendações do texto para as pessoas que vão ao cinema.

a) Pedir licença para _____

_____

b) Não colocar os pés ou os joelhos _____

_____

c) Comentar o filme _____

_____

d) Aproveitar um momento de risos ou aplausos do

público para _____.

> As regras de convivência servem para orientar ou aconselhar o comportamento das pessoas ou o funcionamento de um grupo.

Frase e pontuação

1. Leia:

> Velhos frente os deixam jovens à irem mais os.

> Os jovens deixam os mais velhos irem à frente.

a) Pinte o conjunto de palavras que transmite uma mensagem.

b) Explique sua resposta.

> Uma palavra ou um conjunto de palavras organizadas que transmite uma mensagem forma uma **frase**.

2. Leia esta piada.

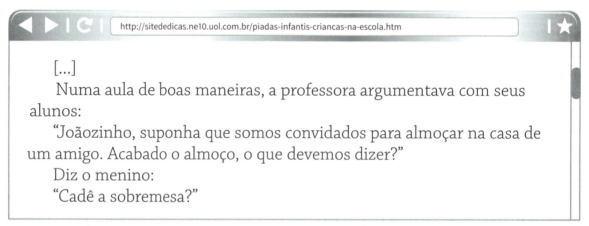

[...]
Numa aula de boas maneiras, a professora argumentava com seus alunos:
"Joãozinho, suponha que somos convidados para almoçar na casa de um amigo. Acabado o almoço, o que devemos dizer?"
Diz o menino:
"Cadê a sobremesa?"

Disponível em: <http://sitededicas.ne10.uol.com.br/piadas-infantis-criancas-na-escola.htm>.
Acesso em: 12 jun. 2017.

a) Que resposta a professora esperava ouvir?

_____

_____

b) A frase "Cadê a sobremesa?":

☐ faz uma pergunta.

☐ expressa um sentimento.

☐ traz uma informação.

c) Que sinal aparece no final das frases que fazem perguntas?

_____

3. Escute as frases que o professor vai ler.

☐ Joãozinho almoçou na casa de um amigo.

☐ Joãozinho almoçou na casa de um amigo?

☐ Joãozinho almoçou na casa de um amigo!

a) O professor leu as frases da mesma maneira? Por quê?

b) Numere as frases acima de acordo com a legenda.

1 Frase interrogativa: faz uma pergunta.

2 Frase declarativa: dá uma informação.

3 Frase exclamativa: expressa surpresa.

> As frases sempre terminam com um sinal de pontuação.
> O **ponto de interrogação** (**?**) indica uma pergunta.
> O **ponto de exclamação** (**!**) pode indicar uma ordem, um pedido, uma emoção (surpresa, alegria, medo, raiva, admiração etc.).
> O **ponto final** (**.**) indica o final de uma frase declarativa, que pode ser afirmativa ou negativa.

Leitura 2

Você costuma ir à casa de colegas? Você se comporta como uma visita ou como se estivesse em sua própria casa?

E seus colegas, vão à sua casa? Como eles se comportam? Eles podem fazer o que quiserem, como se também fossem donos da residência?

Leia o título do texto a seguir. Por que foi usado esse sinal de pontuação? Que resposta você daria?

Acompanhe a leitura do professor.

Rosely Sayão

Pode abrir a geladeira na casa dos amigos?

A mãe de um garoto de 11 anos e de uma menina de 9 reclamou tanto, mas tanto, dos amigos dos filhos que disse estar com vontade de não deixar mais a garotada ir à sua casa para brincar.

E sabe por quê? Porque, segundo ela, as crianças fazem um monte de coisas que ela não quer que sejam feitas na casa dela.

Eles abrem a geladeira quando têm vontade de beber ou comer alguma coisa, colocam os pés sobre o sofá, deixam cair restos de alimentos no chão, entram até no quarto de todo mundo...

Tudo isso sem pedir permissão a ninguém, na maior falta de cerimônia. A mulher disse que, do jeito que eles se comportam, nem parece que são as visitas da residência.

Você costuma ir à casa de seus colegas ou recebê-los na sua? Esses encontros são muito legais, mas é preciso saber algumas regras para que tudo dê certo e não chegue ao ponto que a mãe dessas duas crianças viu chegar.

As casas das outras pessoas funcionam de jeitos diferentes, sabia? Seus pais podem até não ligar quando você assiste à televisão deitado no sofá, com os pés para cima, por exemplo. Mas tem gente que pode não gostar desse tipo de comportamento.

Ou, então, você pode estar acostumado a pegar o que quiser para comer e beber na sua geladeira, sem precisar pedir para ninguém, mas isso não pode acontecer na casa dos outros: é preciso sempre falar com um adulto.

Para ser sempre bem recebido na casa de seus colegas, é preciso prestar atenção e perceber como deve se comportar por lá. Com isso, ganha-se duas coisas importantes: você aprende a ser observador e passa a ser querido pelos pais de seus amigos.

As regras podem ser diferentes das que estamos acostumados

Quando for sua vez de convidar os colegas, lembre-se de contar para eles do que seus pais não gostam. Afinal, nem toda criança é observadora ou tem a obrigação de adivinhar nada, não é verdade? Estar com colegas e amigos é sempre muito bom. Mas melhor ainda é aprender o melhor jeito de se comportar em cada lugar que você vai.

Rosely Sayão. Pode abrir a geladeira na casa dos amigos? Folhapress. Disponível em: <www1.folha.uol.com.br/colunas/quebracabeca/2015/05/1635409-pode-abrir-a-geladeira-na-casa-dos-amigos.shtml>. Acesso em: 20 jul. 2017.

SOBRE A AUTORA

Rosely Sayão é psicóloga e consultora em educação. Ela fala das principais dificuldades enfrentadas pela família e pela escola no ato de educar e comenta o dia a dia dessa relação.

 **Estudo do texto**

1. Releia este trecho.

> Tudo isso sem pedir permissão a ninguém, na maior falta de cerimônia. A mulher disse que, do jeito que eles se comportam, nem parece que são as visitas da residência.

a) Você sabe o que significa a palavra "cerimônia"?
Leia estes significados retirados de um dicionário.

> **cerimônia**
> ce.ri.mô.nia **sf. 1** Cerimônia é um evento formal em que acontece algo importante (a entrega de um prêmio, um casamento etc.). **2** É também um modo educado e formal de nos relacionarmos com as pessoas: *Devemos tratar o prefeito com cerimônia*. **3** Ou o jeito envergonhado de agir quando não estamos à vontade: *Pode comer mais, não faça cerimônia*.

Caldas Aulete. *Dicionário escolar da língua portuguesa: ilustrado com a turma do Sítio do Pica-Pau Amarelo*. São Paulo: Globo, 2009. p. 108.

b) Com qual desses significados a palavra "cerimônia" foi usada no texto?

☐ 1   ☐ 2   ☐ 3

c) Explique o significado da expressão "falta de cerimônia".

_____

_____

2. De acordo com o texto:

☐ podemos abrir a geladeira na casa dos amigos.

☐ não podemos abrir a geladeira na casa dos amigos.

3. A expressão e a palavra destacadas se referem a quais outras palavras das frases?

a)

> Para ser sempre bem recebido na casa de seus colegas, é preciso prestar atenção e perceber como deve se comportar **por lá**. [...]

_____

b)

> Quando for sua vez de convidar os colegas, lembre-se de contar para **eles** do que seus pais não gostam. [...]

_____

4. O texto que você leu foi escrito para:

☐ mostrar que as crianças podem fazer o que quiserem na casa dos amigos.

☐ apresentar o que as mães não querem que seja feito na casa delas.

☐ orientar o comportamento das crianças na casa dos amigos.

5. Que comportamentos a mãe citada no texto não aprova nos amigos dos filhos?

_____

_____

_____

_____

171

6. Que recomendações o texto traz para quando:
   a) você for à casa dos amigos?
   b) os amigos forem à sua casa?

7. Observe novamente a tirinha que acompanha o texto.

a) Quem é a visita?

☐ Armandinho, o personagem de cabelos azuis.

☐ Matias, o personagem de cabelos castanhos.

b) Quem é a personagem representada apenas pelas pernas?

_____

c) Qual é a regra mencionada pelo dono da casa?

_____

_____

d) Em sua casa há alguma regra? Qual?

_____

_____

_____

_____

_____

Estudo da escrita

Palavras com C e G

1. Leia o texto com um colega e descubram as palavras que deverão escrever.

[...]

Garota vira _____,

quando o T se vai.

E _____, quando o GA cede lugar ao CO.

Mas, se perde o A, vira um...

– Curau?

– Não! Ninguém falou em u...

– Coral?

– Não! _____.

Mas, se o C toma o lugar

do R, vira...

– Cuco?

– Não! _____.

(Se tivesse entrado o U no meio do coro viraria...)

– Já cá tomou água de coco verde na garoa ouvindo um couro de passarinhos?

– Couro, não! _____.

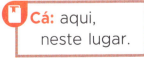

Cá: aqui, neste lugar.

Marciano Vasques. *Letras sapecas: cada letra no seu lugar*. São Paulo: Paulinas, 2009. p. 29.

173

2. Continue completando:

a) **Cola** vira _____, ao trocar **co** por **go**.

b) Se **o** e **a** trocam de lugar, **gola** vira _____.

c) Mas, se o **c** toma o lugar do **g**, **galo** vira _____.

d) Quando entra um **c** no lugar do **l**, **calo** vira _____.

e) E **caco** vira _____ trocando o **c** por **g**.

3. Escolha uma das palavras para completar cada frase:

a) **fico** ou **figo**?

O _____ é um fruto doce e macio.

_____ feliz quando estou no parque.

b) **cela** ou **gela**?

Os presos ficam na _____.

Essa geladeira não _____ bem.

c) **costa** ou **gosta**?

_____ é a faixa de terra ao longo do mar.

O que você mais _____ de fazer?

d) **vaca** ou **vaga**?

O nome da _____ do sítio de meu avô é Mimosa.

Neste andar não tem _____ para estacionar.

174

Oralidade

Exposição de opinião

Forme uma roda com os colegas para conversar sobre as situações a seguir.

O professor lerá as perguntas. Cada um vai dizer o que pensa sobre o assunto ou como lidaria com a situação.

Durante a conversa:

- espere sua vez;
- fale claramente para que todos entendam;
- preste atenção nas respostas dos colegas e respeite a opinião deles, mesmo que você pense diferente.

O que você faria...

... se você encontrasse uma caixa de canetas coloridas no pátio da escola?

... se alguém pedisse para você guardar um segredo?

... se você havia prometido emprestar sua bicicleta e depois se arrependesse?

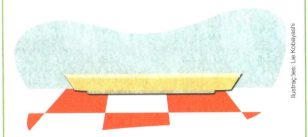

... se você fosse almoçar na casa de um amigo e servissem a comida que você mais odeia?

Liliana Iacocca. *O que fazer? Falando de convivência*. São Paulo: Ática, 2011. p. 4, 7, 8 e 11.

Regras de convivência

Todos colaboram com as tarefas domésticas em sua casa? O que você faz para ajudar?

Converse com as pessoas que moram com você para saber o que poderia ser feito para melhorar ainda mais a convivência.

Depois escreva algumas regras para afixar em um local da casa onde seus familiares possam ler.

Planejamento

Leia o que acontece na casa do personagem Marcelo.

A família do Marcelo

[...]
Todos na minha casa ajudam a fazer as coisas.

Eu sempre faço a minha cama, eu guardo a minha roupa e os meus brinquedos, eu ponho a minha roupa suja para lavar, eu boto e tiro a mesa do café.

Quer dizer: sempre não, mas quase sempre...

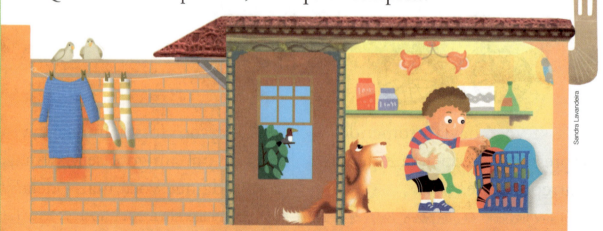

Quando tem festa na minha casa, eu ajudo meu pai e minha mãe. Às vezes, a nossa vizinha, dona Mariazinha, vem ajudar a gente também.

E quando minha mãe ficou doente, dona Mariazinha, que é a mãe do Catapimba, me levou pra dormir na casa dela. Ela é amiga da minha mãe. E eu sou amigo dos filhos dela.

[...]

Ruth Rocha. *A família do Marcelo*. Ilustrações de Alberto Llinares. São Paulo: Moderna, 2011. p. 19-21.

Como lembrete, a mãe do personagem Marcelo quer escrever as regras que ele precisa seguir. Como ficará a lista? Complete-a.

- Arrume sua cama.
- _____
- _____
- _____

177

Escrita

E na sua casa, há alguma regra?

Pergunte às pessoas de sua família:

- Que regras podemos estabelecer para melhorar nossa convivência?
- O que vai acontecer se alguém não obedecer a essas regras?

Em uma folha de papel, anote o que elas disserem, organizando uma lista de regras.

Use frases curtas. Comece pelas palavras que indicam a ação que deve ser feita: arrume, lave, dobre, recolha, guarde.

Revisão e reescrita

Releia o texto.

- Você separou corretamente as palavras ao escrever as frases?
- Usou letra maiúscula no início das frases e nos nomes das pessoas?
- Organizou as frases uma embaixo da outra, como uma lista?
- Usou a pontuação adequada no final das frases?

Mostre suas anotações ao professor, que dará algumas dicas.

Faça as correções necessárias. Passe a lista de regras a limpo. Se preferir, digite-a e imprima.

Socialização

Fixe a lista de regras em um local de sua casa onde todos possam ler.

Outra leitura

A personagem da história que você ouvirá é uma formiga chamada Sofia, que tinha mania de querer saber o porquê das coisas.

Acompanhe a leitura do professor.

Revolução no formigueiro

[...]

— Por que temos que andar enfileiradas?

— Ora, Sofia, para não nos perdermos no caminho...

— Por que temos que trabalhar todos os dias?

— Ora, Sofia, porque somos formigas operárias...

— E por que não podemos sair para passear, brincar e conhecer o mundo?

— Psiu!!! Fala baixo, Sofia. Já pensou se a formiga rainha escuta você dizer uma coisa dessas?!

— Cada formigueiro tem suas regras — explicou uma formiga mais velha. — E você já está bem grandinha para aprender as regras do nosso formigueiro!

Enfileirado: em fila.

Lie Kobayashi

- Que regras você imagina que há no formigueiro onde vive a personagem Sofia?

Sofia resolveu, então, ler o manual do formigueiro:

Regra I: Cada formiga deve conhecer as suas obrigações e saber de cor as regras do formigueiro.

Regra II: Desde cedo, as formigas operárias precisam trabalhar para ganhar seu sustento.

Regra III: No formigueiro da Floresta dos Jatobás não se pode desperdiçar tempo com conversas ou pensamentos inúteis.

Regra IV: No formigueiro da Floresta dos Jatobás não se pode cantar nem fazer barulho.

Regra V: Todas as formigas devem estar atentas às ordens da rainha.

Regra VI: Ao sair para buscar comida, as formigas devem andar enfileiradas, sem olhar para cima nem para os lados.

Regra VII: Se alguma formiga não trouxer sua folhinha naquele dia, no dia seguinte deverá trazer a que deve mais a do dia.

Regra VIII: Ninguém deve se afastar do formigueiro nem usar outro caminho senão aquele marcado no chão.

Regra IX: Ninguém deve ter ideias diferentes nem questionar as regras da rainha.

Regra X: Todas as formigas estão proibidas de falar com estranhos.

Mesmo lendo o manual diversas vezes, Sofia não conseguia decorar todas aquelas regras. E ficava pensando:

"Mas por que não podemos experimentar outros caminhos? E por que não podemos ter ideias diferentes? E por que não podemos conversar com estranhos?"

Sofia gostava mesmo era de ler histórias. E na sua cabecinha brotavam ideias e mais ideias.

"Eu acho que o mundo lá fora é bem maior do que nós imaginamos. Devem existir outros caminhos que levem a outros lugares diferentes... Devem existir outros formigueiros, com muitas formigas... Devem existir outros bichos de cores e tamanhos diferentes... Ah! Um dia eu juro que vou conhecer o mundo!"

[...]

Nye Ribeiro. *Revolução no formigueiro*. São Paulo: Editora do Brasil, 2013. p. 6-8, 10 e 11.

- O que você imagina que a formiga Sofia vai fazer?
- Você concorda com a personagem Sofia? Você acha que a vida tem sentido sem conhecer pessoas novas ou investigar o que há no mundo?

181

1. Acompanhe a leitura do texto a seguir.

> • [...] Receber educação em uma escola limpa e segura. Alunos com deficiência, que requeiram atenção especial, têm direito a recebê-la na forma adequada às suas necessidades e igualmente gratuita;
> [...]

> • Receber atenção e respeito de colegas, professores, funcionários e colaboradores da escola [...];

> • Frequentar a escola regular e pontualmente, realizando os esforços necessários para progredir nas diversas áreas de sua educação;
> [...]

> • Ser respeitoso e cortês para com colegas, diretores, professores, funcionários e colaboradores da escola [...].

São Paulo (estado). Secretaria da Educação do Estado de São Paulo; Fundação para o Desenvolvimento da Educação. *Normas gerais de conduta escolar: sistema de proteção escolar*. São Paulo, 2009. p. 7 e 9. Disponível em: <http://file.fde.sp.gov.br/portalfde/Arquivo/normas_gerais_conduta_web.pdf>. Acesso em: 18 abr. 2017.

a) As regras que você leu têm relação com o ambiente:
☐ escolar.   ☐ familiar.

b) Você acha que essas regras são importantes para a convivência nesse ambiente? Por quê?

c) Você concorda com as regras apresentadas no texto? Gostaria de mudar alguma delas?

d) Pinte as regras do texto conforme a legenda:
🟩 São direitos.   🟦 São deveres.

182

2. Em sua sala de aula, que regras permitem o bom convívio entre os alunos?

_____

_____

_____

_____

_____

_____

3. Agora é sua vez. Escreva frases com as palavras abaixo observando o sinal de pontuação que deve ser utilizado em cada uma delas.

a) goleira

. _____

! _____

? _____

b) coleira

. _____

! _____

? _____

Construir um mundo melhor

Educação no trânsito

Você consegue imaginar como seria o trânsito se não houvesse regras para motoristas e pedestres?

Você sabe quais cuidados deve ter como pedestre?

Leia os quadrinhos a seguir.

[...]

[...]

Mauricio de Sousa. *A Turma da Mônica: educação no trânsito não tem idade*. Disponível em: <www.crianca.mppr.mp.br/arquivos/File/publi/turma_da_monica/monica_transito.pdf>. Acesso em: 13 abr. 2017.

Reúna-se com os colegas e, juntos, organizem um cartaz com regras que ajudem os pedestres.

Em uma folha de papel grande, para chamar a atenção, escrevam o texto com letras maiúsculas e desenhem também.

Coloquem o cartaz em um local da escola que possa ser visto por todos.

Periscópio

Para ler

A velhinha na janela, de Sonia Junqueira. São Paulo: Autêntica, 2015. E-book.
Uma velhinha desenvolve uma amizade pra lá de interessante com uma menina, sua vizinha. Agora as duas trocam guardados e lembranças.

O livro do sim, de Ziraldo. São Paulo: Melhoramentos, 2009.
O Menino Maluquinho dá dicas de boas atitudes para as crianças conviverem bem em família e entre amigos.

Quer uma mãozinha? Aprendendo sobre colaboração, de Claire Llewellyn e Mike Gordon. São Paulo: Scipione, 2002.
Descubra a importância de ajudar as outras pessoas e de ser ajudado também.

Vizinho, vizinha, de Roger Mello. São Paulo: Companhia das Letrinhas, 2012.
O que será que as pessoas fazem dentro de casa? Será que se sentem felizes ou solitárias? Leia a história e descubra como são esses vizinhos.

UNIDADE 7

Porquês e descobertas

1. Faça a correspondência entre os textos e as fotografias.

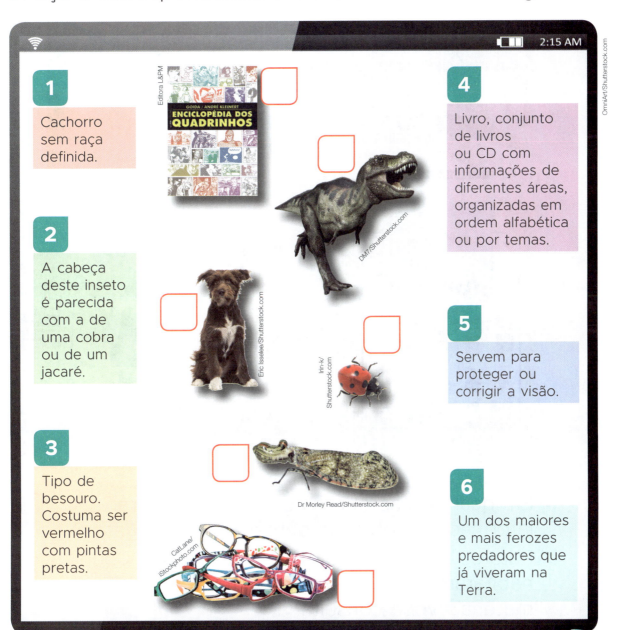

1 Cachorro sem raça definida.

2 A cabeça deste inseto é parecida com a de uma cobra ou de um jacaré.

3 Tipo de besouro. Costuma ser vermelho com pintas pretas.

4 Livro, conjunto de livros ou CD com informações de diferentes áreas, organizadas em ordem alfabética ou por temas.

5 Servem para proteger ou corrigir a visão.

6 Um dos maiores e mais ferozes predadores que já viveram na Terra.

Antes de ler

1. Observe estas capas.

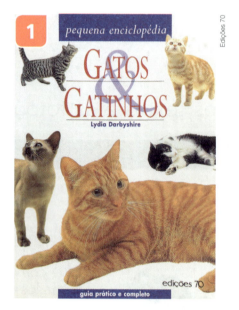
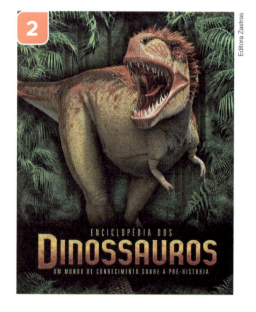

a) Em qual dessas obras podemos encontrar informações sobre os dentes? E sobre gatos?

b) Para se informar sobre espécies extintas que habitaram a Terra em outros tempos, qual desses materiais você consultaria?

c) O que você imagina encontrar na obra 4?

Leitura 1

O que você sabe a respeito das lagartas? E o que gostaria de saber?

Complete a primeira coluna do quadro de acordo com seus conhecimentos.

	O que eu já sei	O que eu aprendi
As lagartas nascem de ovos?		
O que as lagartas comem?		
As lagartas trocam de pele?		
O que é um casulo?		

Você sabe em que a lagarta se transforma?

Leia, na página seguinte, um verbete que responde a essa pergunta, publicado em uma enciclopédia.

189

Em que a lagarta se transforma?

Lagarta

Quando termina de crescer, a lagarta se transforma em borboleta.

As lagartas nascem de ovinhos.

Borboleta

Cada lagarta come, come e cresce, cresce. Até que ela fica grande demais para sua pele.

190

A pele velha cai, quando uma nova já está formada.

A lagarta continua crescendo e troca de pele novamente. Isso acontece várias vezes.

Pele velha

Pupa

Depois de certo tempo, a lagarta faz um casulo para si mesma. Agora ela se chama pupa.

Acontece uma coisa espantosa dentro do casulo: o corpo da lagarta se transforma. Veja ao lado o que sai lá de dentro!

Borboleta

As borboletas não comem folhas – mas põem seus ovos nelas.
[...]

Pequena enciclopédia da curiosidade infantil. São Paulo: Melhoramentos, 2010. p. 72-73.

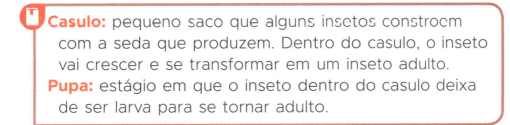

Casulo: pequeno saco que alguns insetos constroem com a seda que produzem. Dentro do casulo, o inseto vai crescer e se transformar em um inseto adulto.
Pupa: estágio em que o inseto dentro do casulo deixa de ser larva para se tornar adulto.

- Volte à página 189 e complete a segunda coluna do quadro respondendo às perguntas, de acordo com suas descobertas.

191

1. Responda às questões de acordo com o texto.

    a) O que acontece quando a lagarta fica grande demais para sua pele?

    _____

    b) O que acontece primeiro?

    ☐ A pele velha cai.

    ☐ Uma nova pele é formada.

    c) O que acontece dentro do casulo?

    _____

    _____

2. Escreva o nome do que é mostrado em cada imagem.

_____   _____   _____

3. Releia esta parte do texto.

> As borboletas não comem folhas – mas põem seus ovos **nelas**.

- A palavra destacada refere-se:

    ☐ às borboletas.   ☐ aos ovos.

    ☐ às folhas.   ☐ às lagartas.

192

4. Releia esta frase do texto.

> Cada lagarta come, come e cresce, cresce. [...]

- A repetição das palavras "come" e "cresce" traz para o texto a ideia de:

☐ lentidão – as lagartas demoram para comer e crescer.

☐ ampliação – as lagartas comem e crescem cada vez mais.

5. Leia este verbete de dicionário.

> **lagarta**
> la.gar.ta **sf.** É a larva (primeiro estado do inseto depois que sai do ovo) de borboletas ou mariposas.

Caldas Aulete: dicionário escolar da língua portuguesa ilustrado com a turma do Sítio do Pica-Pau Amarelo. São Paulo: Globo, 2009. p. 275.

- Qual é a diferença entre esse verbete de dicionário e os verbetes de enciclopédia que você leu?

6. O texto que você leu foi escrito para:

☐ expor conhecimentos sobre um assunto.

☐ ensinar a preparar um alimento.

7. Onde o texto foi publicado?

> Em uma enciclopédia, o **verbete** explica o significado de uma palavra, de algo que se observa na natureza ou de uma curiosidade.

Outra leitura

Observe o texto a seguir. Você já viu um texto parecido com esse? Você sabe que texto é esse?

Leia o texto com um colega. Cada um lê a fala de uma personagem.

PERSONAGENS

[...] Isabel
A Lagarta
[...]

ISABEL E como é que uma lagarta vira borboleta?

LAGARTA Boa pergunta! Você conhece a lenda da lagarta sonhadora? Não conhece. Quer que eu conte pra você? Quer sim.

ISABEL Se você responde por mim, pra que perguntar então?

LAGARTA Lá vai: era uma vez uma lagarta sonhadora que viveu muito tempo atrás, num tempo em que as borboletas não existiam ainda. Numa noite de luar – o luar eu botei só pra enfeitar, tá? – Então, numa noite de luar, a Lagarta sonhadora sonhou que era uma borboleta que voava, livre, linda e feliz, para lá e para cá. Quando a Lagarta acordou, já acordou decididíssima. Ela queria virar uma borboleta pra voar livre, linda e feliz. Mas ela queria tanto, mas tanto, mas tanto, que ela conseguiu! E desde então as lagartas viram borboletas. Porque querem.

ISABEL Eu ainda não sei o que eu quero.

LAGARTA Tem coisas que a gente quer e tem coisas que a gente ganha de presente do mundo. Vai escrevendo a sua história que uma hora você vai descobrir onde é que ela vai lhe levar.

ISABEL   Legal mesmo era se a gente tivesse uma bola de cristal e pudesse saber o que vai acontecer daqui pra frente. Aí a gente não precisava ficar com medo.

LAGARTA   Quem é dono do próprio nariz e faz tudo com vontade de fazer o melhor possível não precisa ficar com medo. O seu nariz é seu?

ISABEL   Se ele não fosse meu, ele não era o meu nariz.

LAGARTA   Esse é o segredo de transformar sonhos em realidade: fazendo tudo do melhor jeito que pode fazer. Você quer que alguma coisa aconteça?

ISABEL   Eu quero conseguir chegar lá, além do jardim, pra encontrar as minhas verdades.

LAGARTA   Pronto. Já começou a acontecer. A primeira coisa você já fez. Você quis. Agora precisa esperar pra ver no que é que isso vai dar. Até logo, Isabel!

[...]

Adriana Falcão e Luiz Estellita Lins. *Mania de explicação: peça em seis atos, um prólogo e um epílogo*. São Paulo: Moderna, 2014. E-book.

1. O texto que você leu é:

☐ um poema.

☐ uma peça de teatro.

☐ um verbete enciclopédico.

2. O texto foi escrito para ser:

☐ declamado.

☐ encenado.

☐ cantado.

195

Singular e plural

1. Leia o verbete a seguir.

Papagaios, araras, periquitos etc.

Essas aves trepadeiras, com o bico alto e recurvado, pertencem à família dos psitacídeos. São mais de 350 espécies, entre as quais se incluem as cacatuas, as maracanãs, as maritacas, as araras, os periquitos, as caturritas e as jandaias. Existem em todas as zonas tropicais do mundo. A maioria tem a plumagem muito colorida, e muitos imitam a voz de outros animais.
[...]

Papagaio. Periquito. Arara.

Leia uma por dia: 365 curiosidades sobre animais. Barueri: Girassol, 2005. p. 11.

a) Você já viu alguma das espécies de aves citadas no texto?

b) Que característica do corpo dessas aves o texto apresenta?

c) O que essas aves imitam?

2. Circule no texto os nomes de aves.

a) O que é igual na escrita de todas essas palavras?

___

> As palavras estão no **singular** quando indicam um só elemento. As palavras estão no **plural** quando indicam mais de um elemento.

b) As palavras que você circulou no texto estão no singular ou no plural?

196

3. Leia mais um verbete.

Perdiz

É uma ave da família do faisão que tem o corpo gordo e a cauda e o bico curtos; é muito apreciada pelos caçadores por causa da qualidade de sua carne. Como é incapaz de sustentar voos prolongados, para fugir de seus inimigos prefere correr. Alimenta-se de sementes e costuma fazer seu ninho nos campos de cereais.

Se algum predador ameaça seus filhotes, a perdiz-africana finge estar ferida, atraindo-o assim para longe do ninho.

Predador: que se alimenta de outros animais.

Leia uma por dia: 365 curiosidades sobre animais. Barueri: Girassol, 2005. p. 106.

a) Quais informações sobre a perdiz o verbete traz?
b) O que a perdiz faz para fugir dos inimigos?
c) E se algum predador ameaça seus filhotes, o que ela faz?
d) Do que a perdiz se alimenta?

4. Complete o quadro com a palavra no singular ou no plural.

Singular	Plural
perdiz	
	incapazes
	caçadores
predador	

197

5. Compare a forma no singular e no plural das palavras do quadro da página anterior.

    a) As palavras no singular terminam com quais letras?

    _____

    b) Para fazer o plural dessas palavras, basta acrescentar a letra **s** no final?

    _____

    _____

    c) Escreva outras palavras que fazem o plural dessa maneira.

    _____

    _____

> Palavras terminadas em **z** e **r** fazem o plural com o acréscimo de **es**. Por exemplo: perdiz/perdizes; juiz/juízes.

6. Releia o trecho.

> É uma ave da família do faisão que tem o corpo gordo e a cauda e o bico curtos. [...]

    a) Que palavra está no plural?

    _____

    b) Você sabe explicar por quê?

    _____

    _____

c) Explique o uso do singular e do plural nas palavras destacadas do trecho a seguir.

> [...] Alimenta-se de sementes e costuma fazer **seu** ninho nos campos de cereais.
> Se algum predador ameaça **seus** filhotes, a perdiz-africana finge estar ferida, atraindo-o assim para longe do ninho.

_____

_____

_____

As palavras no dicionário

1. Leia a tirinha e converse com os colegas.

Disponível em: <http://tirasarmandinho.tumblr.com/post/144877239249/tirinha-original>.
Acesso em: 25 jul. 2017.

a) Nessa tirinha não há balões. Como sabemos quem está falando?
b) Para Fê, o que parece impossível?
c) O que podemos entender da fala de Armandinho no segundo quadrinho?
d) O que torna a tirinha engraçada?

199

2. Observe como uma página de dicionário é organizada.

> **Dicionário** é um livro que apresenta os significados das palavras e mostra como elas devem ser escritas. Nos dicionários, as palavras estão organizadas em ordem alfabética.

Encontre e circule a palavra **impossível**.

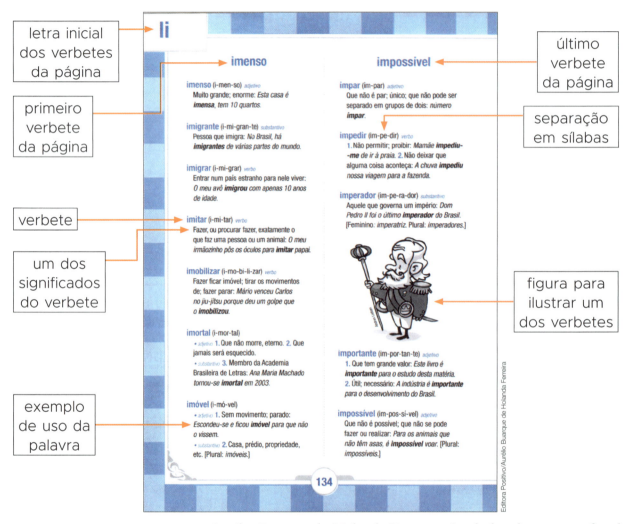

Aurélio Buarque de Holanda Ferreira. *Aurelinho: dicionário infantil ilustrado da língua portuguesa.* Curitiba: Positivo, 2009. p. 134.

> Quando as palavras começam com a mesma letra, são colocadas em ordem alfabética a partir da segunda letra.
> Quando a segunda letra também é igual, as palavras são ordenadas a partir da terceira letra, e assim por diante.

Leitura 2

Você tem cachorro? Se sim, qual é o nome dele?

De que tamanho, cor e raça ele é? Das coisas que ele faz, qual você mais gosta?

Observe o verbete nesta página e na seguinte, retirado de uma enciclopédia virtual. Que palavra está destacada no início do verbete? Por que ela está em destaque? A imagem está relacionada ao verbete?

http://escola.britannica.com.br/article/481160/cao

cão

Introdução

O cão, que também chamamos de cachorro, é um dos animais mais estimados do mundo. Ele foi um dos primeiros bichos a serem domesticados e treinados para conviver com as pessoas. O nome científico do cão é *Canis familiaris*. Ele é da mesma família do coiote, do lobo, da raposa e do chacal.

Onde vivem os cães

Por todo o mundo, as pessoas têm cães como bichos de estimação, animais de guarda ou de trabalho. Alguns cães não convivem com os seres humanos e estão soltos na natureza, em alguns lugares do mundo. Esses cachorros normalmente vivem em grupos chamados matilhas. Um tipo de cão chamado dingo vive livre na Austrália, nessas condições.

Características físicas e raças

O cão é um mamífero com dentes afiados, excelente faro e boa audição. Cada uma de suas quatro pernas termina em um pé, ou pata, com cinco dedos. Cada dedo tem base macia e unha. Uma cobertura de pelos mantém o cão aquecido. Ele se refresca colocando a língua para fora da boca.

Paralelamente a essas características comuns, os cães têm diferentes tamanhos, formas e cores. Os cães que têm tamanho, aparência e comportamento parecidos fazem parte de um grupo chamado raça. Existem mais de quatrocentas diferentes raças de cães. (Um cão com pais de raças diferentes é chamado de vira-lata.)

Há raças de cães muito pequenos e outras de animais muito grandes. Um *chihuahua* pode pesar 0,5 quilo e ter 13 centímetros de altura. Um dogue alemão pode pesar 68 quilos e ter 76 centímetros de altura.

[...]

Os cães e os seres humanos

[...] Cães pequenos como o *poodle* e o *pug* foram criados para ser animais de estimação. Outros cães foram desenvolvidos para fazer determinados trabalhos. [...] O *husky* siberiano puxa trenós. Os cães-pastores cuidam de rebanhos em fazendas. Os *terriers* caçam roedores. Muitos desses animais são hoje apenas bichos de estimação. Mas alguns ainda fazem o seu trabalho tradicional.

Hoje, os cães de trabalho têm muitas outras funções. Alguns são treinados para farejar explosivos e drogas. Outros procuram pessoas desaparecidas. Cães-guia ajudam pessoas com deficiência visual a se locomover.

Britannica Escola Online. Disponível em: <http://escola.britannica.com.br/article/481160/cao>. Reimpresso com permissão da Enciclopédia Escolar Britannica, © 2017 pela Encyclopaedia Britannica, Inc. Acesso em: 17 jun. 2017.

Estudo do texto

1. Volte ao verbete e leia o trecho em que estas palavras aparecem. Depois, explique o significado delas no texto.

a) matilha _____

b) raça _____

_____

c) vira-lata _____

_____

d) cães-guia _____

_____

202

2. Reescreva as frases trocando as palavras destacadas por outras com o mesmo significado.

a)
> O cão, que também chamamos de cachorro, é um dos animais mais **estimados** do mundo.

_____

_____

b)
> Cães-guias ajudam pessoas com deficiência visual a se **locomover**.

_____

_____

3. Leia esta frase do verbete.

> O cão é um mamífero com dentes afiados, **excelente faro** e **boa audição**. [...]

- As expressões em destaque significam que:

  ☐ o cão percebe o gosto e o sabor dos alimentos.

  ☐ o cão sente cheiros e ouve muito bem.

4. Converse com os colegas sobre estas questões.

a) O texto que vocês leram é um verbete. Qual é o conteúdo de um verbete? O que se escreve no texto de um verbete?

b) Onde o verbete foi publicado?

c) O autor do verbete não é identificado, mas quem vocês acham que o escreveu?

5. O verbete está organizado em partes. Cada parte tem um título.

　a) Em que parte está o nome científico dos cães?

　_____

　b) Em que parte há informações sobre o corpo dos cães?

　_____

　_____

　c) Existem cães que não podem viver com as pessoas?

　_____

　_____

6. Observe que há algumas palavras escritas em outra cor e sublinhadas. Por que você acha que essas palavras estão destacadas?

7. Converse com os colegas.

　a) Na enciclopédia digital *Britannica Escola Online*, de onde foi retirado o verbete sobre o cão, o texto é destinado a um leitor específico ou a qualquer leitor que deseja consultar informações sobre o assunto?

　b) A linguagem do verbete é mais parecida com a que encontramos em jornais e revistas, em poemas ou em histórias em quadrinhos?

> O **verbete enciclopédico** começa com uma palavra em destaque ou com um título. Ele traz definições, informações específicas, explicações dos termos científicos, exemplos, fotografias, ilustrações.

Palavras com IM e IN

1. Releia estes trechos.

   > [...] Como é **incapaz** de sustentar voos prolongados, para fugir de seus inimigos prefere correr. [...]

   > "**Impossível**" não existe no meu dicionário, Fê!

   a) Leia em voz alta as palavras destacadas. O que você percebeu em relação ao som inicial?
   b) E o que essas palavras têm de diferente na escrita?
   c) Explique por que a palavra "impossível" é escrita com **m** e a palavra "incapaz" é escrita com **n**.

2. Acrescente **in** ou **im** e forme novas palavras.

   diferente _____   perdoável _____

   próprio _____   feliz _____

   fiel _____   satisfeito _____

   paciente _____   perfeito _____

   quieto _____   justo _____

3. Na atividade 2, ao acrescentar **im** e **in**, você formou palavras que têm:

   ☐ sentido contrário ao das palavras originais.

   ☐ o mesmo sentido das palavras originais.

Verbete de enciclopédia

Você leu muitos verbetes de enciclopédia nesta unidade. Chegou a hora de escrever um verbete para afixar no mural da turma.

Planejamento

Forme um grupo com alguns colegas. Juntos, escolham um tema do interesse de vocês para escrever um verbete de enciclopédia.

Com a ajuda do professor, pesquisem o tema escolhido. Vocês podem consultar enciclopédias, dicionários, livros, *sites*, jornais e revistas.

Registrem as informações importantes para a elaboração do verbete.

Anotem também as fontes que vocês consultaram na pesquisa: autor, título, editora, ano, página, endereço eletrônico.

_____
_____
_____
_____
_____

206

Escrita e revisão

Organizem as informações coletadas e escrevam um verbete de enciclopédia, incluam fotografias ou ilustrações para ajudar o leitor a compreender melhor as explicações.

Faça o rascunho do verbete no espaço abaixo.

_____

_____

_____

Concluído o texto do verbete, troquem-no com colegas de outros grupos, para que eles possam ajudá-los na revisão.

Avaliação e reescrita

Ainda em grupo, leiam e avaliem o verbete escrito pelos colegas.

- A entrada do verbete está destacada?
- Quais informações são transmitidas no verbete?
- Há informações semelhantes agrupadas?
- O assunto está bem explicado?
- A linguagem é própria de um verbete?
- Há ilustrações para ajudar o leitor a compreender o texto?

Passem o verbete a limpo em uma folha de papel. Lembrem-se de ilustrá-lo.

Socialização

Antes de fixá-lo no mural, expliquem aos colegas qual foi o tema pesquisado. Tentem deixá-los curiosos e com vontade de ler o verbete inteiro.

Outra leitura

Observe a capa desta enciclopédia.

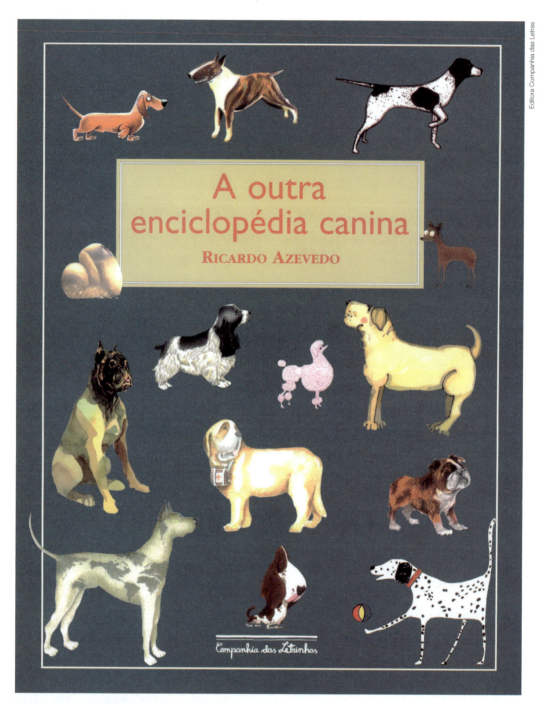

- Qual é o assunto da enciclopédia?
- As ilustrações estão adequadas ao título do livro?
- Você sabe o nome de alguma das raças ilustradas na capa?

O que você sabe sobre o cão vira-lata?
Leia o texto a seguir.

Vira-Lata Talvez a mais apaixonante, comum, rara, incrível e popular raça de cachorros existente no mundo em que vivemos seja essa, conhecida vulgarmente pelo nome de "vira-lata". Ao contrário de todas as outras, essa espécie canina apresenta uma quantidade infinita de características, o que praticamente torna impossível qualquer definição ou descrição mais exata a seu respeito. [...] A bem da verdade, o legítimo vira-lata, por incrível que pareça, apresenta tantos tipos de comportamento e caráter quantos tipos de comportamento e caráter existem na face da terra. Esse singular animal possui talvez um único e exclusivo ponto comum: todos os vira-latas, sem exceção, são diferentes uns dos outros. Cada um exibe sua beleza própria, seu perfume, seu pelo, seu temperamento, sua cor, seu jeito de ser, ver, latir e sentir as coisas. É emocionante acompanhar uma cadela vira-lata atravessando a rua, seguida de seus filhotes, cada um com sua cor, tamanho e tipo diferentes. A ciência moderna já estudou as cento e tantas raças caninas, hoje devidamente descritas, classificadas, catalogadas e registradas, mas está longe de decifrar esta surpreendente, inesperada e incompreensível, por isso mesmo fascinante, espécie que late, faz xixi no poste, aprecia carne, dá a pata, pode morder, faz buracos no jardim, carrega pulgas, abana e corre atrás do próprio rabo, e é conhecida e cada vez mais respeitada e amada por todos os cantos e recantos do planeta.

Ricardo Azevedo. *A outra enciclopédia canina*. São Paulo: Companhia das Letrinhas, 2011. p. 59.

- Explique o que esse verbete tem de parecido com o verbete da **Leitura 2**.
- O que os dois verbetes têm de diferente?

Oralidade

Exposição oral de pesquisa

Recorte as fotografias do **Material complementar**, página 253, e cole-as na **Minienciclopédia canina ilustrada**. Atenção: os verbetes devem estar em ordem alfabética.

Minienciclopédia canina ilustrada

Afghan.

Bull terrier.

Cocker spaniel.

Pointer.

Setter.

Terra-nova.

Vira-lata.

- Qual dessas raças é sua preferida? Por quê?

_____

_____

Pesquise informações sobre o cão de sua raça preferida em uma enciclopédia impressa ou virtual.

Procure saber como é esse animal fisicamente e de que modo ele se comporta.

No dia combinado com o professor, apresente aos colegas o resultado de sua pesquisa. Se possível, consiga uma fotografia do cachorro para mostrar aos colegas. Você pode digitar o texto no computador e imprimi-lo.

Na hora da apresentação, lembre-se:

- fale com voz alta e clara para que todos possam ouvir e compreender o que você diz;
- não fique envergonhado;
- olhe para os colegas enquanto fala.

No final da apresentação:

- dê oportunidade para quem quiser fazer uma pergunta sobre o cão que você pesquisou.

Retomada

1. Leia o verbete.

Por que algumas pessoas usam óculos?

Os olhos de todo mundo são diferentes. Algumas pessoas precisam de óculos para ajudar seus olhos a enxergar melhor. Para que você enxergue perfeitamente, a luz precisa chegar precisamente a um ponto no fundo de seu olho. Se o formato do seu olho não for adequado para focar a luz nesse ponto, as lentes dos óculos podem ser moldadas para fazê-lo.
[...]

Amy Shields. *Meu primeiro grande livro dos porquês*. Tradução de Mathias de Abreu Lima Filho. Barueri: Girassol, 2011. p. 59.

a) Onde o verbete foi publicado?

_____

b) Que informação o verbete apresenta?

_____

c) Você entendeu por que algumas pessoas usam óculos?

d) Para que servem as lentes dos óculos?

e) Escreva uma palavra começada por **im** ou **in** que tenha o mesmo sentido da expressão destacada.

> [...] Se o formato do seu olho **não for adequado** para focar a luz [...].

_____

2. Faça uma pesquisa sobre dinossauros. Você pode consultar enciclopédias impressas ou virtuais, dicionários, livros, revistas, jornais.

- Registre sua pesquisa no espaço abaixo fazendo anotações das informações encontradas.
- Se possível, cole uma fotografia da espécie que você pesquisou.
- Leia o resultado de sua pesquisa para os colegas.

Periscópio

Para ler

A vida dos dinossauros, de Rosicler Martins Rodrigues. São Paulo: Moderna, 2012.
Os dinossauros são um mistério que todos querem desvendar. Esse livro mostra o início da vida na Terra, como os dinossauros surgiram e desapareceram, e a importância dos fósseis para conhecermos o passado.

Como? Onde? Por quê?, de Carolina Caires Coelho. Barueri: Girassol, 2008.
Um livro para tirar muitas dúvidas sobre diferentes animais. Teste seus conhecimentos sobre o mundo animal. Aprenda com leituras e desafios. Será que você encontrará os bichos que se esconderam nas páginas do livro?

De olho na Mata Atlântica, de Ingrid Biesemeyer Bellinghausen. São Caetano do Sul: Difusão, 2011.
Que tal embarcar em uma viagem pelas matas brasileiras? Nesse livro você aprende aspectos da natureza, da fauna e flora do Brasil e se encanta com os textos e as ilustrações.

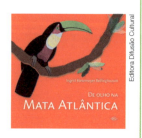

Os porquês do coração, de Conceil Corrêa da Silva e Nye Ribeiro. São Paulo: Editora do Brasil, 2010.
Ser curioso é muito bom; pode-se aprender muito. Assim era Mabel, muito curiosa! Um dia ela ganhou um peixinho... O que será que ela vai aprender com ele?

UNIDADE 8
Notícia: ler para se informar

1. Leia os textos. Depois pinte o que foi retirado de um jornal.

> Trinta dias tem novembro,
> abril, junho e setembro;
> vinte e oito só tem um,
> os demais têm trinta e um.

Parlenda.

Jamaicana é a nova mulher mais velha do mundo

19 de abril de 2017

Violet Brow, de 117 anos, passou a ser a mulher mais velha da atualidade. A jamaicana ganhou o "título" após a morte da italiana Emma Morano, que também tinha 117 anos e morreu no sábado, dia 15.
[...]

Joca. Disponível em: <https://jornaljoca.com.br/portal/jamaicana-e-a-nova-mulher-mais-velha-do-mundo>. Acesso em: 19 jul. 2017.

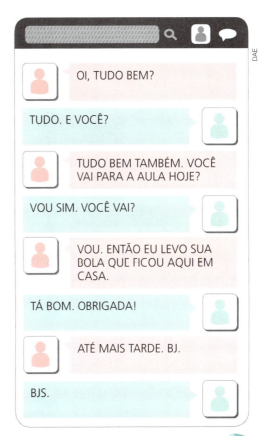

OI, TUDO BEM?

TUDO. E VOCÊ?

TUDO BEM TAMBÉM. VOCÊ VAI PARA A AULA HOJE?

VOU SIM. VOCÊ VAI?

VOU. ENTÃO EU LEVO SUA BOLA QUE FICOU AQUI EM CASA.

TÁ BOM. OBRIGADA!

ATÉ MAIS TARDE. BJ.

BJS.

215

Antes de ler

1. Observe as fotografias a seguir e leia as legendas.

Nuvem que lembra o Ursinho Pooh aparece durante evento com crianças na Inglaterra, 2016.

Abelha-rainha fica presa em porta-malas e 20 mil abelhas "atacam" carro, Inglaterra, 2016.

a) Você acha que essas fotografias acompanham textos que narram histórias imaginárias ou que relatam fatos reais?

b) Como as pessoas têm acesso a textos que relatam acontecimentos do dia a dia?

c) Você conhece alguém que lê jornais impressos ou pela internet, assiste às notícias pela televisão ou ouve noticiários de rádio todos os dias?

216

Leitura 1

Observe as imagens que acompanham a notícia a seguir. O que você imagina que será tratado no texto?

Agora leia o título da notícia. O que você imaginou ao observar as imagens se confirma após a leitura do título?

Leia a notícia.

12/12/2016 09h13 - Atualizado em 12/12/2016 09h23

Menino de 7 anos lê 88 livros em 2016: 'a gente conhece um novo mundo'

Morador de Palmas, Carlos Eduardo lê desde os quatro anos. Ele também já escreveu quatro obras, que ainda não foram publicadas.

Do G1 TO, com informações da TV Anhanguera

Um menino de 7 anos, morador de Palmas, conseguiu ler 88 livros só este ano. Carlos Eduardo, o Cadu, como gosta de ser chamado, lê desde os 4 anos. O amor pelos livros nasceu dentro de casa, já que a mãe Dark Luzia dos Santos também é apaixonada pela leitura.

"A gente pode rir de novas piadas, tem novas aventuras. A gente conhece um novo mundo na leitura", diz o menino.

No decorrer do ano, a mãe anotou todas as obras lidas pelo filho. Ao final, ela se impressionou com a quantidade.

Cadu é acostumado a ler desde os quatro anos de idade.

"O objetivo não era contabilizar os livros, não tínhamos esse interesse. A escola cobrava uma ficha literária, que eu fui preenchendo. Quando eu me assustei já tinham seis fichas preenchidas. Eu fui contar aí fui entender que ele tinha lido esse tanto de livro", relatou Dark.

De tanto se dedicar, Cadu decidiu que era hora de colocar as próprias ideias no papel. Ele já escreveu quatro livros. Por enquanto, é só um esboço. "Minha mãe teve a ideia de eu escrever livros. Eu me inspirei e gostei da ideia".

Apesar de as histórias do filho ainda não terem sido publicadas, a mãe comemora o avanço. "Muito orgulhosa porque quando eu tinha o dobro da idade dele, eu fiz um livro de poesia. Eu tinha o sonho de escrever e acabei não desenvolvendo isso. Vendo o Carlos Eduardo, para mim é como se eu estivesse me realizando".

Longe de chegar à faculdade, Cadu já sabe o que quer para o futuro. "[Quero ser] doutor e pastor. Doutor em tirar neném da barriga. Escritor eu já sou", conclui sorrindo.

Carlos Eduardo leu 88 livros só este ano.

Menino de 7 anos lê 88 livros em 2016: 'a gente conhece um novo mundo'. Rede Anhanguera. *G1*. Disponível em: <http://g1.globo.com/to/tocantins/noticia/2016/12/menino-de-7-anos-le-88-livros-em-2016-gente-conhece-um-novo-mundo.html>. Acesso em: 23 jul. 2017.

Contabilizar: contar, calcular.
Esboço: primeiras ideias, rascunho.
Ficha literária: ficha com dados sobre autor, título, personagens, resumo e outras informações de uma obra.

Veja como se estrutura uma notícia

O título anuncia o assunto a ser relatado na notícia.

A linha fina complementa o título, acrescentando informações.

O lide é o primeiro parágrafo da notícia. Ele apresenta as principais informações sobre o fato noticiado, respondendo às perguntas: "Quem?", "O quê?", "Quando?", "Onde?", "Como?" e "Por quê?".

O corpo da notícia relata com detalhes o que foi apresentado no lide.

Muitas notícias são acompanhadas de imagens, que ilustram ou ampliam o fato.

219

Estudo do texto

1. Você sabe o nome do "doutor em tirar neném da barriga"?
   Troque os símbolos por letras e descubra.

   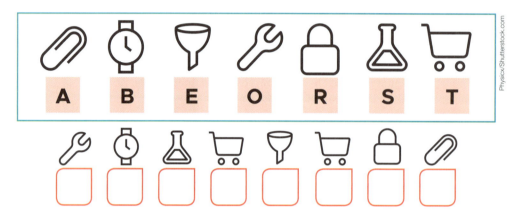

2. Converse com os colegas.

   a) Você sabe com que idade começou a ler?

   b) Você também gosta de ler?

   c) Quantos livros você já leu este ano?

   d) Você já escreveu algum livro ou pensa em escrever um algum dia? Que tipo de livro? Que história contaria?

3. Responda às questões.

   a) Onde a notícia foi publicada?

   _____

   _____

   b) Quando a notícia foi publicada?

   _____

   c) A quem essa notícia pode interessar?

   _____

220

4. Releia o lide e responda às questões.

> Um menino de 7 anos, morador de Palmas, conseguiu ler 88 livros só este ano. Carlos Eduardo, o Cadu, como gosta de ser chamado, lê desde os quatro anos. O amor pelos livros nasceu dentro de casa, já que a mãe Dark Luzia dos Santos também é apaixonada pela leitura.

a) Qual é o assunto da notícia?

_____

_____

b) Quem são as pessoas envolvidas no fato noticiado?

_____

c) Onde essas pessoas vivem?

_____

d) Por que esse fato foi noticiado?

_____

_____

e) Em sua opinião, o fato relatado é importante? Por quê? Conte aos colegas.

5. Releia este trecho.

> "A gente pode rir de novas piadas, tem novas aventuras. A gente conhece um novo mundo na leitura", diz o menino.

a) Circule o sinal de pontuação usado para marcar a fala do menino.

b) Que palavra poderia substituir "a gente" nesse

trecho? _____

Estudo da língua

Aumentativo e diminutivo

1. Você conhece o personagem Cebolinha? O que sabe dele?

2. Quer saber por que Cebolinha recebeu esse nome? Leia esta tirinha.

Mauricio de Sousa. *120 tirinhas da Turma da Mônica*. Porto Alegre: L&PM, 2012. p. 23.

Observe o segundo quadrinho da tirinha e responda:

a) Que palavra indica tamanho pequeno?

_____

b) Que palavra indica tamanho grande?

_____

c) E que palavra indica o tamanho normal?

_____

> A palavra **Cebolinha** está no **grau diminutivo**, pois indica tamanho pequeno.
> A palavra **Cebolão** está no **grau aumentativo**, pois indica tamanho grande.

222

3. Observe a capa dos livros.

a) Quais palavras estão no diminutivo?
_____

b) Qual palavra está no aumentativo?
_____

c) A palavra "fujão" está no aumentativo? Por quê?
_____

4. Observe a fotografia e complete as frases.

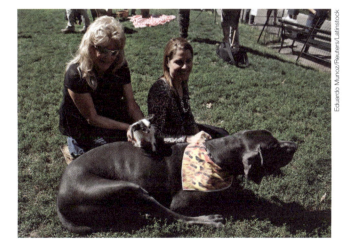

a) O animal menor é um _____.

b) O animal maior é um _____.

223

Acento agudo e acento circunflexo

1. De quais personagens do folclore brasileiro você já ouviu falar? Leia o texto.

Protesto das personagens do folclore brasileiro abala as estruturas do mundo do faz de conta

(direto da redação)

Celebridades do nosso folclore reivindicam mais espaço na **mídia**. A razão do protesto, oras, **é** que **ninguém** no Brasil aguenta mais ouvir tanta **história** da Carochinha.

Saci-**Pererê** pulou à frente do movimento e declarou não tirar o **chapéu** para as personalidades estrangeiras. Logo em seguida, Iara veio a **público** manifestar sua revolta: "O que essa tal de Pequena Sereia tem que eu não tenho?". **Já** a mula – puxa –, essa perdeu de vez a cabeça: "Chega de **unicórnios**! Deem uma chance aos animais que existem de verdade!". O lobisomem – de cabelos na venta – e o Curupira – com os **pés atrás** – preferiram não dar entrevista.

Maria Amália Camargo. *Simsalabim*. São Paulo: Caramelo, 2013. p. 6.

a) Você acha que esse texto é uma notícia? Por quê?

b) Que personagens são citados?

_____

_____

_____

c) O que aparece em todas as palavras destacadas?

_____

_____

d) Você sabe o nome dos sinais que aparecem nessas palavras?

_____

e) Você sabe para que servem esses sinais?

_____

f) Em quais palavras do texto a vogal **e** tem som aberto? Que acento é usado para indicar esse som?

_____

g) Em qual palavra do texto a vogal **e** tem som fechado? Que acento é usado para indicar esse som?

_____

> Os sinais usados nas vogais são acentos.
> Eles servem para indicar como a vogal deve ser pronunciada, ou seja, com som aberto ou fechado.
>
> Este é o **acento agudo**: ´.
>
> Este é o **acento circunflexo**: ^.

Jogo de palavras

1. Recorte os itens da página 255 do **Material complementar** e forme frases. Copie uma frase que você formou.

_____
_____
_____
_____
_____
_____

225

Observe a fotografia de Kalani e Jarani. Você acha que elas são irmãs gêmeas? Por quê? Acompanhe a leitura da notícia.

http://cgn.uol.com.br/noticia/210344/em-caso-raro-gemeas-nascem-com-cor-dos-olhos-e-da-pele-diferentes

24 de janeiro de 2017 às 09h48

Em caso raro, gêmeas nascem com cor dos olhos e da pele diferentes

Casos como esse são tão raros que acontecem uma a cada 500 vezes...

Maycon Corazza

Aos nove meses de vida, Kalani e Jarani têm chamado atenção nas redes sociais. O motivo: elas têm tons de pele diferentes, e enquanto uma tem olhos azuis, a outra tem olhos castanhos.

Kalani herdou as características físicas da mãe, Whitney Meyer: pele e olhos claros. Por sua vez, Jarani recebeu os traços do pai, Tomas Dean: pele e olhos escuros.

Casos como esse são tão raros que, segundo matéria da BBC, acontecem uma a cada 500 vezes.

Nascidas em 23 de abril do ano passado, em Illinois (Estados Unidos), as meninas chamaram atenção recentemente, após a mãe publicar fotos da duplinha fofa no Facebook.

Em entrevista à emissora local KHQA, Whitney conta que queria acreditar que as meninas teriam as características dos dois, mas duvidou por saber que se trata de algo raro: "Não achei que fosse acontecer com as minhas gêmeas. Mas com certeza elas são gêmeas birraciais".

Disponível em: <http://cgn.uol.com.br/noticia/210344/em-caso-raro-gemeas-nascem-com-cor-dos-olhos-e-da-pele-diferentes>. Acesso em: 25 jul. 2017.

Estudo do texto

1. Responda às questões de acordo com a notícia.

a) Qual é o assunto da notícia?

_____

b) Por que esse fato foi noticiado?

_____

_____

c) Quem escreveu a notícia?

_____

d) Onde a notícia foi publicada?

_____

e) Em que rede social a mãe publicou fotografias das filhas?

_____

2. Releia o último trecho da notícia com o professor.

a) Sublinhe a fala da mãe das gêmeas.

b) O que a mãe não achou que aconteceria com as gêmeas?

_____

_____

c) Complete com o nome de cada menina.

Na fotografia, _____ está do lado esquerdo e _____ está do lado direito.

227

Cada um é de um jeito!

Leia o texto a seguir.

Por que as pessoas têm cores diferentes?

Todas as cores de pele vêm da melanina.

Seu corpo produz melanina para proteger a pele das queimaduras do Sol.

Crianças cujos ancestrais vieram de lugares ensolarados nascem com mais melanina e pele mais escura. Crianças cujos ancestrais vieram de lugares menos ensolarados nascem com menos melanina e pele mais clara.

Amy Shields. *Meu primeiro grande livro dos porquês*. Traduzido por Mathias de Abreu Lima Filho. Barueri: Girassol, 2011. p. 10.

Qual é a cor de sua pele?

1. Em uma folha de papel, desenhe seu rosto em tamanho grande.
2. Providencie tintas coloridas e pincéis.
3. Misture as cores até encontrar um tom parecido com o de sua pele.
4. Pinte seu rosto desenhado no papel.
5. Exponha seu trabalho no mural da sala de aula.

Estudo da escrita

Palavras com ÃO e INHO/ZINHO

1. Leia o poema.

Inho – Não!

Andrezinho tem três anos
E já se acha bem grandão:
É por isso que não gosta
De diminutivo, e então
Não suporta que lhe digam
"Dê a mãozinha" – (em vez de mão),
Ou que mandem: "A boquinha
Abre e come, coração!".
"Inho", "inha", "ito", "ita",
São para ele humilhação,
O diminutivo o irrita:
O Andrezim prefere um "ão"!
Chama "gala" a galinha,
Não aceita correção;
"Escrivana", a escrivaninha,
E o vizinho é "vizão";
Chama "coza" a cozinha,
O toucinho é "toução",
É "campana" a campainha –
E ele próprio é o "Dezão"...

Tatiana Belinky. *Um caldeirão de poemas.*
São Paulo: Companhia das Letrinhas, 2003. p. 16.

• Desenhe Andrezinho ao lado do poema.

> ⭐ **SOBRE A AUTORA**
>
> Tatiana Belinky nasceu em São Petersburgo, na Rússia, em 1919. Ela veio para o Brasil em 1929. Foi escritora de literatura infantojuvenil, roteirista e tradutora de diversas obras russas. Faleceu em 2013.
>
>

229

Responda às questões de acordo com o poema.

a) Quantos anos Andrezinho tem?

_____

b) Por que Andrezinho não gosta de diminutivo?

_____

c) Que outra forma foi utilizada no poema para o nome do personagem?

_____

d) Como o menino prefere ser chamado?

_____

2. Observe como acontecem as rimas no poema e conte ao professor o que você percebeu.

3. Escreva palavras do poema que terminam em:

a) inho/zinho ou **inha/zinha** e estão no diminutivo;

_____

b) inho/zinho ou **inha/zinha** e não estão no diminutivo;

_____

_____

c) ão e estão no aumentativo;

_____

d) ão e não estão no aumentativo.

_____

_____

Som de E e O em final de palavra

1. Com os colegas e o professor, escolha dez palavras terminadas em **e** que não sejam acentuadas. Depois escreva-as aqui.

_____ _____

_____ _____

_____ _____

_____ _____

_____ _____

a) Leia em voz alta as palavras terminadas em **e** que você escreveu.

b) O que você e os colegas perceberam na pronúncia do **e** no final dessas palavras?

2. Com os colegas e o professor, escolha dez palavras terminadas em **o** que não sejam acentuadas. Depois escreva-as aqui.

_____ _____

_____ _____

_____ _____

_____ _____

a) Leia em voz alta as palavras terminadas em **o** que você escreveu.

b) O que você e os colegas perceberam na pronúncia do **o** no final dessas palavras?

3. Leia o texto e complete as palavras com a letra correta.

[...]

A galinha geralment____ viv____ num galinheir____. Nest____ lugar existem sempre um gal____ e até 30 galinhas e alguns pintinhos.

[...]

As galinhas apanham comida do chão durant____ todo o dia. Gostam de milh____, vegetais, insetos e minhocas. Remexem o sol____ e usam os bicos para procurar o que comer.

[...]

Meu livro gigante dos animais. Barueri: Yoyo Books, [s.d.]. p. 32.

4. O professor vai ditar 12 nomes de animais. Escreva-os nos grupos corretos.

Palavras terminadas em e	Palavras terminadas em i
Palavras terminadas em o	**Palavras terminadas em u**

232

Notícia

Planejamento

Pesquise uma notícia curta que possa interessar aos colegas da turma. Ela será compartilhada no **Cantinho de notícias**.

Escrita

Em uma folha de papel, no caderno ou no computador, faça um rascunho da notícia pesquisada.

Pesquise uma imagem relacionada ao fato para colar junto ao texto. Pense em uma legenda para ela.

Avaliação e revisão

Avalie a notícia que você escreveu respondendo às perguntas que o professor vai fazer.

Verifique também se você separou e acentuou corretamente as palavras ao escrever o texto.

Reescrita

Mostre o texto ao professor para ele dar dicas do que pode ser melhorado. Escreva a versão final do texto.

Cole a imagem e escreva uma legenda para ela.

Antes de afixar as produções no **Cantinho de notícias** da sala de aula, faça a atividade da seção **Oralidade** da página seguinte, que consiste na apresentação oral de seu texto.

Relato informativo

Nesta atividade, você produzirá um pequeno resumo de sua notícia para apresentar oralmente aos colegas.

Para isso, pense nas perguntas que podem ser feitas para compor o lide da notícia: "Quem?", "O quê?", "Quando?", "Onde?", "Como?" e "Por quê?".

Para orientar sua fala, leia o resumo e escreva, no espaço abaixo, o que você vai relatar aos colegas.

_____

_____

No dia combinado com o professor, cada um apresentará sua notícia.

Todos devem prestar bastante atenção.

Lembre-se de falar em um tom de voz adequado, para que todos o ouçam.

Você pode iniciar sua apresentação relatando por que escolheu essa notícia, o que ela tem de interessante e onde foi publicada originalmente.

Em seguida, apresente o resumo da notícia que você preparou.

Você pode finalizar fazendo algum comentário que deixe os colegas com vontade de ler a notícia inteira.

Depois de todos os relatos, afixem os textos no **Cantinho de notícias**.

Outra leitura

O personagem Lúcio, criado por Ziraldo, adora ler, como o Cadu, da notícia que você leu. Na história em quadrinhos a seguir, Lúcio conta como surgiram os livros infantis. Acompanhe a leitura do professor.

OS CONTOS DOS IRMÃOS GRIMM E DE CHARLES PERRAULT NÃO FORAM INVENTADOS POR ELES. SÃO HISTÓRIAS QUE JÁ EXISTIAM, ELES SÓ REESCREVERAM. HANS CHRISTIAN ANDERSEN, AUTOR DE MUITOS CONTOS PARA CRIANÇAS, TAMBÉM SE BASEAVA EM ALGUMAS HISTÓRIAS QUE TINHA OUVIDO.

O LIVRO *AS MIL E UMA NOITES* CONTÉM HISTÓRIAS TRADICIONAIS QUE FORAM "PASSADAS A LIMPO". A MAIORIA DAS CRIANÇAS SÓ CONHECE ADAPTAÇÕES DESSAS HISTÓRIAS ÁRABES, PORQUE AS ORIGINAIS SÃO PARA ADULTOS.

ALICE NO PAÍS DAS MARAVILHAS, DE LEWIS CARROL, ERA APENAS UMA BRINCADEIRA DO AUTOR COM SEUS CONHECIDOS. NÃO ERA PARA SER PUBLICADA COMO LIVRO.

FAMOSOS LIVROS DE AVENTURAS, *ROBINSON CRUSOÉ*, *A ILHA DO TESOURO* E *OS TRÊS MOSQUETEIROS* TAMBÉM NÃO FORAM ESCRITOS PARA CRIANÇAS. CAÍRAM NO GOSTO DELAS MUITO TEMPO DEPOIS.

ENTÃO, QUANDO COMEÇARAM A ESCREVER PARA CRIANÇAS? QUANDO O GOSTO DAS CRIANÇAS PASSOU A SER MAIS RESPEITADO, DE 150 ANOS PARA CÁ.

Ziraldo. *Lúcio e os livros*. São Paulo: Globo, 2009. p. 37-39. (Coleção Almanaque Maluquinho).

- Escolha um livro de literatura infantil na biblioteca e leia-o em casa. Depois conte aos colegas sua opinião sobre o livro.

1. Leia a notícia a seguir, observe a fotografia e responda às questões.

https://jornaljoca.com.br/portal/wp-content/uploads/2016/11/joca86_embaixa.pdf

Roupa de lixo

Trinta dias, 40 quilos de lixo e uma missão: alertar sobre o desperdício de lixo e reduzi-lo. O empreendedor americano Rob Greenfield andou um mês por Nova York vestido de lixo. Ele carregou, enrolado no corpo, todo o lixo que produziu nesse tempo. Em 30 dias, Rob acumulou 40 quilos de lixo, metade do que produz uma pessoa, em média. Para tanto, ele usou uma roupa especial, feita com sacos plásticos, em que colocava o lixo já lavado, afinal não queria ficar fedido. O ativista fez a experiência para alertar as pessoas sobre a enorme quantidade de lixo que produzimos e mostrar que podemos viver com o lema "viver simples, viver livre". Após o experimento, o terno de lixo virou uma obra de arte e agora será exibido em lugares como escolas e aeroportos.

Roupa de lixo. *Joca*, n. 86, p. 5, nov. 2016. Disponível em: <https://jornaljoca.com.br/portal/wp-content/uploads/2016/11/joca86_embaixa.pdf>. Acesso em: 25 jul. 2017.

Ativista: aquele que trabalha para defender uma causa.
Empreendedor: quem realiza uma tarefa difícil e trabalhosa.

a) Quem é o homem mostrado na fotografia?

_____

b) O que ele fez?

_____

c) Onde?

_____

d) Como?

_____

_____

e) Por quê?

_____

_____

_____

2. Escreva uma legenda para a fotografia usando palavras no aumentativo e no diminutivo.

_____

_____

_____

_____

SPENCER PLATT/Getty Images North America/AFP

Construir um mundo melhor

Lixo reciclável

Leia esta notícia.

 http://thegreenestpost.bol.uol.com.br/o-1o-supermercado-brasileiro-em-que-clientes-podem-trocar-lixo

Por Débora Spitzcovsky
9 maio 2017

O 1º supermercado brasileiro em que clientes podem trocar lixo reciclável por comida

O Acre existe SIM – e está dando um banho de sustentabilidade nos demais estados do Brasil. A unidade federativa acaba de ganhar o primeiro supermercado brasileiro em que é possível comprar comida com lixo reciclável.

Isso porque o estabelecimento, batizado de TrocTroc, oferece aos clientes a possibilidade de trocar PETs, latas de alumínio e lacres de garrafas plásticas por qualquer produto vendido no mercado.

TrocTroc, supermercado consciente.

Bônus: vantagem.
Sustentabilidade: ações e atividades humanas que visam atender às necessidades da população atual sem comprometer as próximas gerações.
Unidade federativa: cada um dos estados que formam o Brasil.

Cada quilo de material reciclável vale R$ 0,50 em compras. Caso o cliente traga os resíduos já limpos e amassados, facilitando sua reciclagem, o valor do bônus tem acréscimo de 20%.

Nas prateleiras, artigos como frutas, grãos, legumes e verduras – tudo é produzido localmente, a fim de valorizar os produtores rurais da região.

Aliás, não são só eles que estão sendo empoderados com a iniciativa. O TrocTroc foi idealizado por Marcelo Valadão, presidente da House of Indians Foundation – uma entidade internacional que luta pelo respeito e preservação da cultura indígena.

Não por acaso, Valadão deixou o supermercado aos cuidados de membros da tribo Ashaninka, a fim de fomentar a economia local e valorizar seus costumes de troca.

Já pensou quantas pessoas Brasil afora que, atualmente, estão em situação de vulnerabilidade – como moradores em situação de rua – poderiam ser ajudadas, caso a moda do supermercado TrocTroc pegasse?

Empoderado: fortalecido.
Fomentar: desenvolver.
Idealizar: criar.
Vulnerabilidade: condição desfavorável em que se encontra uma pessoa ou um grupo dentro da sociedade.

Débora Spitzcovsky. O 1º supermercado brasileiro em que clientes podem trocar lixo reciclável por comida. *The Greenest Post*, 9 maio 2017. Disponível em: <http://thegreenestpost.bol.uol.com.br/o-1o-supermercado-brasileiro-em-que-clientes-podem-trocar-lixo-reciclavel-por-comida/>. Acesso em: 20 jul. 2017.

1. Por que o Acre "está dando um banho de sustentabilidade nos demais estados do Brasil"?

2. Qual é a importância dessa iniciativa para os produtores da região?

3. Que tal iniciar uma campanha de trocas em sua escola?
   Você pode propor, por exemplo, uma feira de:
   - troca de uniformes usados;
   - desapego de livros e materiais escolares;
   - troca de brinquedos e jogos.

Periscópio

📖 Para ler

O gato do mato e o cachorro do morro, de Ana Maria Machado. São Paulo: Ática, 2013. O gato do mato e o cachorro do morro se acham muito valentes. Mas, no meio da discussão, aparece um outro bicho, muito mais valente. O que será que vai acontecer?

Planeta Terra: nossa casa!, de Leonardo Mendes Cardoso. São Paulo: Editora do Brasil, 2005. Ressaltando a importância da preservação do meio ambiente, esse livro mostra ao leitor que, como a Terra é nossa casa, devemos cuidar dela sempre. Precisamos estar atentos ao lixo acumulado nas grandes cidades, à qualidade do ar que respiramos e da água que consumimos, sem desperdício.

👆 Para acessar

Joca: um jornal *on-line* feito para jovens e crianças. Peça ajuda a um responsável para se cadastrar no *site*. Depois, aproveite a leitura. Disponível em: <https://jornaljoca.com.br>. Acesso em: 15 ago. 2017.

O Brasileirinho: é o primeiro jornal do Brasil e o quinto do mundo feito por crianças e jovens, contando com a participação mínima de adultos. Disponível em: <www.obrasileirinho.com.br>. Acesso em: 9 nov. 2017.

Referências

ARAUJO, Antoracy Tortorelo. *Lendas indígenas*. São Paulo: Editora do Brasil, 2014.

AULA de boas maneiras. *NE10*, 21 mar. 2016. Disponível em: <http://sitededicas.ne10.uol.com.br/piadas-infantis-criancas-na-escola.htm>. Acesso em: 12 jun. 2017.

AZEVEDO, Ricardo. *A outra enciclopédia canina*. São Paulo: Companhia das Letrinhas, 2011.

BANDEIRA, Pedro. *Mais respeito, eu sou criança!* Ilustrações de Odilon Moraes. São Paulo: Moderna, 2009. (Série Risos e Rimas).

BECK, Alexandre. *Armandinho*. Disponível em: <http://tirasarmandinho.tumblr.com/post/144877239249/tirinha-original>. Acesso em: 25 jul. 2017.

_____. *Armandinho*. Disponível em: <www1.folha.uol.com.br/colunas/quebracabeca/2015/05/1635409-pode-abrir-a-geladeira-na-casa-dos-amigos.shtml>. Acesso em: 20 jul. 2017.

BELINKY, Tatiana. *O livro dos disparates*: com os limeriques da Tatiana. São Paulo: Saraiva, 2001.

_____. *Um caldeirão de poemas*. São Paulo: Companhia das Letrinhas, 2003.

BELLI, Roberto. *Riki diz desculpe-me*. Blumenau: Todolivro, 2011.

_____. *Riki diz obrigado!* Blumenau: Todolivro, 2011.

BEVILACQUA, Viviane. Esqueça um livro por aí e ajude a campanha em favor da leitura. *Diário Catarinense*, 25 jan. 2016. Disponível em: <http://dc.clicrbs.com.br/sc/colunistas/viviane-bevilacqua/noticia/2016/01/esqueca-um-livro-por-ai-e-ajude-a-campanha-em-favor-da-leitura-4959466.html>. Acesso em: 19 jul. 2017.

BRITANNICA Escola Online. Cão. Disponível em: <http://escola.britannica.com.br/article/481160/cao>. Acesso em: 17 jun. 2017.

BRANDÃO, Gabriella. Origami: dobraduras de papel para crianças. *Dicas Pais e Filhos*, 13 out. 2014. Disponível em: <http://dicaspaisefilhos.com.br/diversao/brincadeiras/origami-dobraduras-de-papel-para-criancas/>. Acesso em: 13 abr. 2017.

CALDAS Aulete: dicionário escolar da língua portuguesa ilustrado com a turma do Sítio do Pica-Pau Amarelo. São Paulo: Globo, 2009.

CAMARGO, Maria Amália. *Simsalabim*. São Paulo: Caramelo, 2013.

CAPPARELLI, Sérgio. *111 poemas para crianças*. Porto Alegre: L&PM, 2009.

CAPPARELLI, Sérgio. *Tigres no quintal*. São Paulo: Global, 2014.

CARVALHO, Malô. *Gente de muitos anos*. Belo Horizonte: Autêntica, 2012.

CORAZZA, Maycon. Em caso raro, gêmeas nascem com cor dos olhos e da pele diferentes. *CGN*, 24 jan. 2017 Disponível em: <http://cgn.uol.com.br/noticia/210344/em-caso-raro-gemeas-nascem-comcor-dos-olhos-e-da-pele-diferentes>. Acesso em: 25 jul. 2017.

CYBER Cook. Broa de milho. Disponível em: <https://cybercook.uol.com.br/receita-de-broa-de-milho-r-12-115146.html>. Acesso em: 25 jun. 2017.

DUPRET, Maria José. *O cachorrinho Samba*. São Paulo: Ática, 2015.

EDITORA Cuore. Convite para o lançamento do livro *Pikuin, o pequeno kurumin*. Disponível em: <www.editoracuore.com.br/?p=3430>. Acesso em: 19 jul. 2017.

FÁBULAS de Esopo. Trad. Silvana Cobucci Leite. São Paulo: WMF Martins Fontes, 2011.

FALCÃO, Adriana; LINS, Luiz Estellita. *Mania de explicação*: peça em seis atos, um prólogo e um epílogo. São Paulo: Moderna, 2014.

FURNARI, Eva. *Travadinhas*. 3. ed. São Paulo: Moderna, 2011. (Série Miolo Mole).

GUIMARÃES, Telma. *Bichodário*. São Paulo: Lafonte, 2013.

IACOCCA, Liliana. *O que fazer? Falando de convivência*. São Paulo: Ática, 2011.

JAMAICANA é a nova mulher mais velha do mundo. *Joca*, 19 abr. 2017. Disponível em: <https://jornaljoca.com.br/portal/jamaicana-e-a-nova-mulher-mais-velha-do-mundo>. Acesso em: 19 jul. 2017.

JOSÉ, Elias. *Bicho que te quero livre*. Ilustrações de Ana Raquel. 2. ed. São Paulo: Moderna, 2002. (Coleção Girassol).

LAGARTA, Marta. *Abraço de pelúcia e mais poemas*. Belo Horizonte: Autêntica, 2010.

MARCOS, João. *Histórias tão pequenas de nós dois*: com Mendelévio e Telúria. Belo Horizonte: Abacatte, 2011.

MENINO de 7 anos lê 88 livros em 2016: "a gente conhece um novo mundo". Rede Anhanguera. *G1*, 12 dez. 2016. Disponível em: <http://g1.globo.com/to/tocantins/noticia/2016/12/menino-de-7-anos-le-88-livros-em-2016-gente-conhece-um-novo-mundo.html>. Acesso em: 23 jul. 2017.

MEU livro gigante dos animais. Barueri: Yoyo Books, [s.d.].

MEU primeiro dicionário Caldas Aulete com a Turma do Cocoricó. São Paulo: Globo; Rio de Janeiro: Lexikon, 2009.

PAMPLONA, Rosane. *Almanaque Pé de planta*. São Paulo: Moderna, 2013.

PEQUENA enciclopédia da curiosidade infantil. São Paulo: Melhoramentos, 2010.

PERSONAGENS. *Menino Maluquinho Educacional*. Disponível em: <http://meninomaluquinho.edu cacional.com.br/personagens>. Acesso em: 4 jun. 2017.

RIBEIRO, Celia. *Etiqueta na prática para crianças*. Porto Alegre: L&PM, 2011.

RIBEIRO, Nye. *Revolução no formigueiro*. São Paulo: Editora do Brasil, 2013.

RIOS, Zoé. *Ciranda das vogais*. Belo Horizonte: RHJ, 2011.

ROCHA, Ruth. *A família do Marcelo*. Ilustrações de Alberto Llinares. São Paulo: Moderna, 2011.

ROUPA de lixo. *Joca*, n. 86, p. 5, nov. 2016. Disponível em: <https://jornaljoca.com.br/portal/wp-content/uploads/2016/11/joca86_embaixa. pdf>. Acesso em: 25 jul. 2017.

SÃO PAULO. Secretaria da Educação do Estado de São Paulo; Fundação para o Desenvolvimento da Educação. *Normas gerais de conduta escolar:* sistema de proteção escolar. São Paulo: 2009. Disponível em: <http://file.fde.sp.gov.br/portalfde/Arquivo/normas_gerais_conduta_web.pdf>. Acesso em: 18 abr. 2017.

SAYÃO, Rosely. Pode abrir a geladeira na casa dos amigos? *Folhapress*. Disponível em: <www1.folha.uol.com.br/colunas/quebracabeca/2015/05/1635409-pode-abrir-a-geladeira-na-casa-dos-amigos.shtml>. Acesso em: 20 jul. 2017.

SCHEIDEMANTEL, Ramom M. *Ninguém tem medo do lobo mau!* Blumenau: Sonar, 2012.

SHIELDS, Amy. *Meu primeiro grande livro dos porquês*. Trad. Mathias de Abreu Lima Filho. Barueri: Girassol, 2011.

SNOOPY e sua turma: quadrinhos e atividades. Rio de Janeiro: Ediouro, 2016.

SOMBRA, Fábio. *Mamão, melancia, tecido e poesia*. São Paulo: Moderna, 2013.

SOUSA, Mauricio de. *120 tirinhas da Turma da Mônica*. Porto Alegre: L&PM, 2012.

_____. *A Turma da Mônica: educação no trânsito não tem idade*. Disponível em: <www.crianca. mppr.mp.br/arquivos/File/publi/turma_da_monica/monica_transito.pdf>. Acesso em: 13 abr. 2017.

_____. *Bidu: fábulas*. Disponível em: <http://turma damonica.uol.com.br/quadrinhos>. Acesso em: 5 abr. 2017.

SPITZCOVSKY, Débora. O 1º supermercado brasileiro em que clientes podem trocar lixo reciclável por comida. *The Greenest Post*, 9 maio 2017. Disponível em: <http://thegreenestpost. bol.uol.com.br/o-1o-supermercado-brasileiro -em-que-clientes-podem-trocar-lixo-reciclavel -por-comida>. Acesso em: 20 jul. 2017.

TADEU, Paulo. *Proibido para maiores:* as melhores piadas para crianças. São Paulo: Matrix, 2007.

THEBAS, Cláudio. *Amigos do peito*. São Paulo: Formato Editorial, 2009.

TURINO, Fernanda. Lancheira saudável. *Ciência Hoje das Crianças*, 22 jul. 2013. Disponível em: <http://chc.org.br/lancheira-saudavel>. Acesso em: 20 abr. 2017.

VALERO, Maria José. *Leia uma por dia:* 365 curiosidades sobre animais. Barueri: Girassol, 2005.

VASQUES, Marciano. *Letras sapecas:* cada letra no seu lugar. São Paulo: Paulinas, 2009.

WEBB, Steve. *Viviana Rainha do Pijama*. Trad. Luciano Vieira Machado. São Paulo: Moderna, 2010.

ZIRALDO. *A panela do Menino Maluquinho*. São Paulo: Globo, 2010.

_____. *Lúcio e os livros*. São Paulo: Globo, 2009. (Coleção Almanaque Maluquinho).

_____. *O pequeno livro de hai-kais do Menino Maluquinho*. São Paulo: Melhoramentos, 2013.

Material complementar

Unidade 1 – página 7

BARRIGA	MEIO-DIA	NO
VAZIA	ASSOBIA	MACACA
FAZENDO	PANELA	CARETA
DONA MARIA	PRA	MEIO-DIA
FOGO		

Unidade 1 – página 19

245

Unidade 1 – página 27

O SINO É DE OURO

O BURACO É FUNDO,

A GENTE É FRACO,

PEDE CACHIMBO.

BATE NO JARRO.

ACABOU-SE O MUNDO!

BATE NO SINO.

BATE NO TOURO.

BATE NA GENTE.

O JARRO É FINO,

CAI NO BURACO.

HOJE É DOMINGO

O TOURO É VALENTE,

O CACHIMBO É DE BARRO,

Unidade 2 – página 46

Unidade 3 – página 67

Unidade 4 – página 103

Unidade 4 – página 111

A a	B b	C c	D d	E e	F f
G g	H h	I i	J j	K k	L l
M m	N n	O o	P p	Q q	R r
S s	T t	U u	V v	W w	X x
Y y	Z z				

251

Unidade 7 – páginas 210 e 211

Unidade 8 – página 225

| sábia | metro | avô | forro |

| sabiá | metrô | avó | forró |

Você viu a mensagem de sua _____?

O _____ é de madeira.

O canto do _____ é muito bonito.

O _____ é usado para medir.

Laura vai dormir na casa do _____.

O _____ estava muito animado.

Minha mãe é muito _____.

O _____ é um meio de transporte.